知的・発達障害児者の人権

差別・虐待・人権侵害事件の裁判から

児玉勇二
著

現代書館

はじめに

長男が子どもの頃、障害を負っていた関係上、私の弁護士活動の中心は、子どもと障害のある人々の人権を確立せんがための裁判・人権救済活動でした。

弁護士になり、子どもの人権救済活動を経て、障害のある人々の人権救済活動に取り組みはじめた頃は、将来、障害者差別禁止法が日本においてできればと、希望的観測で関係者の人々に話していました。その頃、ある弁護士から「人権後進国である日本において障害者差別禁止法なんかできっこない」といわれましたが、二〇〇六年十二月には国連で障害者権利条約が採択され、日本も二〇一四年一月に障害者権利条約を批准しました。一方、全国の障害のある人々の団体が一致団結して、ＪＤＦ（日本障害フォーラム）という全国的組織をつくり、日弁連にも「人権擁護委員会障害のある人に対する差別を禁止する法律に関する特別部会」ができ、種々の活動を行っています。私もその部会に所属しています。

私たちは、九〇年代、障害問題人権弁護団をつくり、本書でも紹介している水戸事件、白河育成園虐待事件など、社会的に問題提起した多くの事件を扱いました。そのメンバーが二〇〇一年十一月、第四十四回日弁連人権擁護大会で障害のある人々の人権問題を取り上げ、日弁連は、「障害のある人に対する差別を禁止する法律の制定を求める宣言」を採択しました。

日本で障害者差別禁止法をつくるため、障害のある人々の人権状況を調査・研究し、障害者権利条約をどう批准するかなどを考える委員会も日弁連内に発足し、私もその一員として活動しました。

障害問題人権弁護団は、障害と人権全国弁護士ネットとして新しく生まれ変わり、全盲の竹下義樹弁護士が代表になりました。そして、二〇〇九年に勝利（和解）を獲得した障害者自立支援法違憲訴訟の裁判に、最近では、被後見人の選挙権付与の憲法裁判を含め、障害のある人々に対する多くの人権裁判に取り組み、その弁護士と民間の人々との全国交流が毎年行われています。

これまで、障害者問題を扱っている弁護士は少なく、一時苦慮したこともありましたが、今は多くの弁護士たちが、各地で障害のある人々に関する事件・裁判に取り組んで社会に問題を提起しています。また、障害問題人権弁護団ができるとき、障害のある人々を治安維持の対象としてとらえていた障害者対策立法に対して、障害のある人々を人権の主体としてとらえようと考え、その考えのもとで活動を続けてきました。その甲斐があり、一九九三年には障害者基本法ができました。さらに、二〇〇三年の基本法改正の際には、差別禁止条項が入れられ、二〇一一年には、国連の障害者権利条約で規定されている、合理的配慮義務を履行しないことが差別に当たる旨の条項も入れられました。

合理的配慮義務を履行しないと差別になるとされる時代が到来し、あらゆる分野で障害のある子ども・人々の人権保障が求められています。国連で採択された障害者権利条約では、締約国に、合理的な配慮を行う義務を規定することを含めた差別禁止法制の整備を義務付け、障害のある人の権利の保障のための諸施策を行うこととしています。

日本国内では、二〇〇九年に政権交代により民主党政府が誕生し、障害者に一割の応益負担をさせる障害者自立支援法に対する違憲訴訟で国と和解が成立。自立支援法を廃止し、内閣府に障がい者制度改革推進会議（以下、推進会議）を発足させ、総合福祉法をつくる方向に進んでいました。

ところが、二〇一一年三月には、推進会議のまとめた方向と違い、自立支援法を廃止せずに法改正をしたため、障害当事者団体の人たちから約束違反として批判が起こりました。二〇一二年十二月の総選挙で政権が民主党から自民党に代わり、新自由主義経済が進むなかで、自立・自己責任という名の下、福祉にとって厳しい時代が到来しています。

しかしながら、一方では、推進会議のまとめた内容からすれば不十分ではあるものの、自立支援法に代わる障害者総合支援法をつくり、差別禁止法をつくる流れ、障害者権利条約を批准する流れがあり、その流れの中で、ＪＤＦを含む全国の障害者団体や私たち日弁連の弁護士による、障害のある人々の差別を禁止し、人権を確立する活動が一定の広がりを見せ、国は、差別禁止法を阻止することができなくなってきました。そして、差別禁止法は「障害者差別解消法」という名称になりましたが、二〇一三年六月十九日、国会で成立しました。差別解消法の内容は、国連の障害者権利条約および日弁連が従来から求めてきた内容に比して不十分な点があり、二〇一三年六月十九日付け日弁連会長声明では課題が残されている旨を明言しています。

障害のある人々への差別、人権侵害は構造的に深く、見えないところでまだまだ多くあり、差別する側が意識していなくて行われている状況でもあります。これを早くかつ根本的に解決する意味でも、批准した障害者権利条約に則った法改正が日本国内において求められています。私自身、幅広い分野で障害のある人々の事件を手がけていて、そのことを強く感じます。

この本では、障害のある子、障害のある人々の人権救済・裁判活動のなかで、今まで私自身が扱ってきた事件を取り上げます。特に、今社会問題ともなっている自閉症・発達障害児の事件を多く扱ってきましたので、私の子育ての体験をはじめに紹介し、その後、各事件を紹介します。そのなかで、日本における差別の実態とその差別構造を明らかにし、障害のある人々の人権、特に自閉症・発達障害児といわれている人々の人権確立を目指し、差別をなくしていく方向を、みなさんと共に考えていきたいと思います。

知的・発達障害児者の人権

目次

第一章　子どもの発達と自閉症児化・発達障害児化とその克服

一　自閉症児・発達障害児の問題はすべての子どもたちの問題でもある
――子どもたちの人間性破壊

三十年以上前になりますが、私は、自分の長男の障害克服子育て体験をまとめた『健康に生きたい』を自費出版しました。子どもたちの自閉症児化をテーマに書いたものですが、現在は自閉症児化だけでなく、発達障害児化も進んでいます。

子どもたちの人間性破壊が進む状況のなか、これまでの私たち夫婦の取り組みは、自閉症の子どものみならず、発達障害をもつ子どもたち、そして一般の子どもたちの成長・発達にも参考になるものと考え、改めて本書をまとめました。

私は、障害のある子どもたち、特に自閉症・発達障害をもつ子どもたちの裁判を多く扱ってきましたが、その前提には、私自身が子育てのなかで考え、実践してきた取り組みがあるのです。各事件・裁判を紹介する前に、まずそれを書いてみます。

長男は、子どもの頃、自閉症児的傾向を多くもっていました。そのため、子育ても苦労し、子どもの障害、健康について調べ、学んでいくなかで、多くの子どもたちが、自閉症児と診断されなくても、自閉症児化されつつあることを知りました。

そしてこのことは、自閉症の原因が単に脳障害とか遺伝とかいうものだけではなく、子どもをめぐる社会的な人間環境が破壊されてきていて、それに対する適応障害である面が大きいことをあらわしているものと考えているのです。

一方、最近では発達障害児が増え、保育・教育・医療・少年司法などの各分野で、いろいろな問題や課題が出てきていて、発達障害者支援法もできています。この発達障害児が増えていることも、子どもたちを取り巻く環境の中で人間性破壊が進んできていることと関連していると思われます。

自閉症児・発達障害児をもつ親は、この破壊されつつある子どもをめぐる社会環境に対して意識的に取り組み、それを改善していかなければ、子どもの自閉症・発達障害を改善し、克服することはできないと考えるのです。

そのため、第一に自閉症児・発達障害児をもつ親は、今の社会が、多くの子どもたちが自閉症児化・発達障害児化されつつある環境になっているということを十分に認識しておかなければなりません。それと同時に、健常児をもつ親にも、自閉症児・発達障害児の問題は、すべての子どもたちの問題でもあると考えてもらいたいと思うのです。

二　多くの子どもたちにみられる孤立性

自閉症児・発達障害児と呼ばれる多くの子は、他人とのコミュニケーションをもとうとせず、一人で行動することが多い点が一つの特徴だといわれています。

一方、普通の子どもたちの多くはどうでしょうか。最近の子どもたちは遊ばなくなったばかりか、遊べなくなっているといわれています。泥だらけになって夢中になって遊んで、日が暮れるのも忘れていたというような、私たちの幼い頃のようなわんぱく時代を体験している子は少ないといわれています。塾や稽古事、テレビ、勉強などに追われて遊ぶ時間は少なくなり、遊ぶ空間も、交通地獄やビルの乱立、観光道路などで占められて少なくなり、遊ぶ仲間もいなくなっています。そのため子どもたちは一人で、室内でパソコン、テレビゲーム、ミニカーなど、創造性のないおもちゃで遊ぶことが多くなっているのです。

受験戦争に染まってしまっているためか、私たちには遊びということに対して、「遊んでばかり」と罪の意識をもつ傾向がありますが、遊びは子どもの発達にとって欠かせないものなのです。子どもは遊びのなかで多くの子どもとぶつかり合い、けんかをし、協力して、自主性や社会性を身につけるものです。そしてそのなかでお互い他人の心の痛みもわかるような感性を身につけるのであり、遊びには大切な教育の力もあると思うのです。しかし、現在は、このような遊びが失われ、子どもたちは他人とのコミュニケーションをもとうとせず、一人で行動することが多くなってきています。

最近の高校生には、狭い部屋での独り遊びと母親とだけの接触のなかで育ち、他人とのつき合い方がわからず、人と遊ぶときのルール、順序を守ったり、人の立場に立って考えたりするということができなくなって、行動が自分の欲求に任せて衝動的になり、乱暴な、考えられないようなナンセンスなことを平気でやる子が増えているといわれています。

遊んでいるのを見ても、それぞれ自分の遊び道具をもっていても、意識の共通化、集団化がなされておらず、一見、言葉の数が多く仲間が大勢いるようにみえても、一人ひとりの子どもの意識は、ひどく孤立していることが多くなっています。

このように自閉症児・発達障害児の孤立性という特徴が、今多くの子どもたちにも見受けられるようになっているのです。

私の長男も、多動的（絶えず動き回る＝活動の過剰）で外へは出せず、もっぱら家にいることが多かったために、他人とのコミュニケーションをとろうとせず、一人で行動することが多くなってしまいました。しかし、私たちはこの過ちに気づいて、子どもに遊びが失われている状況を知り、集団保育に入れたり、地域でも子ども集団をつくり、極力外で日の暮れるまで遊ばせるようにしました。

三　生きた言葉を失いつつある子どもたち

言葉をまったく発声せず、発してもオウム返し、繰り返しが多く、断片的で、体験に裏付けられていないことが、自閉症児・発達障害児の一つの特徴だといわれています。

『テレビに子守りをさせないで』（水曜社）という本で自閉症児の子育てをまとめた岩佐京子さんは、次のように述べています。

「今の子どもは産声をあげたときからすぐそばにテレビがある。目がぼんやりでも見えるようになれば画面に吸いよせられる。テレビを見ていればおとなしいので、つい親もつけ放しにするその代償として子どもは言葉を失ってしまうのです」

「ことに問題なのはテレビのCMで乳幼児はテレビ番組そのものには大した興味を示さなくてもCMになるとピタッとテレビの画面に吸いよせられ、あのテンポの速さ、音量の大きさが乳幼児をとりこにし、泣く子も黙らせるのです」

「赤ちゃんは生後一カ月で反応する。三、四カ月になると音のする方に顔を向ける。そんなときに声をかけるとにっこり笑ったり目を輝かせるようになる。表情が生まれる大事な時期なのです。それがテレビをつけっ放しで音に慣れっこになってしまうと、生の声に反射しなくなる。自閉症児というのはそうした『定位反射』のない子なのです」

そのとおりだと思います。私の長男も、私たち夫婦の病気のため、もっぱらテレビを子守り代わりにしていました。そして長男に表情が生まれる大切な時期に、私たちは、声をかけたり、あやしたり、だっこしたりというような働きかけをあまりせず、しかもテレビをつけっ放しにし、テレビを見ているとおとなしいので、それに子育てをゆだねてしまっていたのです。その結果が長男の自閉症児化でした。

テレビの映像は、子どもたちに生きた言葉を失わせしめているのです（最近のネット依存もそうです）。

バスの窓越しに見える自動車を一目で「あれはベンツだ」と当てるように、映像の意味をぱっとつかみとる力は相当になってきています。しかし、その子どもたちに日本の気温と水温の変化を表したグラフの読みとりをさせたら、これは苦手で、また、物語を読み、文字によって物語の世界を豊かに心に描いていく力、行間からにじみでる物語の味、その物語に込められている意味・本質をつかみとる力は弱くなり、しかも、映像イコール現実ととらえ、批判的に物事を見ようとしなくなってきています。

さらに、映像はじっくり考える時間を与えてくれないので、自分の言葉でとらえ直す余裕を与えられず、言葉によって思慮することができなくなってきています。テレビを長時間視聴していた子どもよりも、読書好きの子どものほうが言葉の表現力や物事の関係を把握する力が高いことはデータでも証明されているのです（ネットも同様です）。

遊びも労働も子どもたちには少なくなっているので、言葉はもっぱらマスコミ（ネットも）文化の中から身につけることが多くなっています。生活体験の中から生まれ育った言語でなくなってしまっているのです。私の長男も、生活の中からではなく、テレビから覚えた言葉がいちばん多かったのです。

最近の高校生は、自分のいいたいことを正しく相手にわかるように話せなくなってきているといわれています。自分の要求することの結論だけ、あるいは出来事の結果だけをぽつんと単語の形で投げ出すようないい方、テレビなどの流行語を使ってのとりとめない機関銃のようなおしゃべり……など、真に生きた言葉を失いつつあります。

このように、自閉症児・発達障害児の言語の特異な特徴が、最近多くの子どもたちにも見受けられるようになっています。

私は、長男に対してテレビを極力制限し、集団保育、学校や遊び、私たちとの団らんや会話のなかで言葉を獲得させるように努めました。テレビを見るにしても私たちと一緒に見ることができるものを選び、子どもに考えさせ、話し合ってみるようにしたのです。

四　生活習慣が身につかない現代社会

衣服の着脱、洗顔、歯みがき、排泄、食事などの基本的生活習慣が身につきにくく、特に幼児期に遅れが目立つことが自閉症児・発達障害児の一つの特徴だといわれています。マスコミなどに影響され、文化的社会的な機能の発達は早いのですが、喜怒哀楽に代表されるような人間の低次の機能、人間が本能的に誰もがもっていなければならない機能がむしろ衰弱してきているという、奇妙なアンバランスが生じています。現代社会では、哺乳動物のもっている飲食・睡眠・排泄などの本能的な部分の原点が狂ってきていて、人間本来の最も人間らしい生活のありようを拒否する方向に動いてきています。

夜遅くまで家族そろってテレビを見、受験勉強のため深夜放送を聞いたりテレビを見たりして夜ふかしをし、夜食を食べ、熟睡もできず、朝は眠く、食欲もなく、学校へ行っても午前中は目がさめないというような生活になってきているのです。最近のネット依存もそうです。

そのため、生活のリズムの中に織り込まれているはずの子どもたち自身の生活習慣も形成されなくなっていて、三無主義といわれるように、「無気力・無関心・無感動」、「ねない・食べない・遊ばない」子どもとなり、生きる力も失われて、健康もむしばまれてきています。

このような、生活習慣が身についていないという特徴も、自閉症児・発達障害児だけでなく、多くの子どもたちに見受けられるようになってきているのです。

私の長男は、三歳になっても言葉が出なかったので、多くの病院をかけめぐり、ある病院で遊戯療法などを受け、自由に遊ばせ、欲求不満を解消させるよう、極力甘やかす方法をとりました。

また、言葉がしゃべれない子どもだからと思って、甘やかしてしまい、しつけをする心の余裕も時間の余裕もなかったことも加わり、飲食・睡眠・排泄などの基本的生活習慣がなかなか身につかず、集団保育に入った当初は保母さんたちに迷惑をかけたのですが、集団保育へ入れて変わりました。次第に生活のリズムがつき、私たち自身も、この基本的生活習慣に関することこそ、家庭での私たち親の責任であると認識するようになり、気をつけてしつけをするようになったので、次第に生活習慣が身についていったようです。そして、それが情緒を安定させ、言葉を獲得するようになったのです。

五　運動能力の低下

言語と同様に運動機能もアンバランスに発達することが多く、自分の身体や運動をコントロールできないのが、自閉症児・発達障害児の一つの特徴だといわれています。

近頃の子どもはすぐ骨折する、虫歯が多い、近視が増えている、生活習慣病にむしばまれている、背筋力がなくなってきている、持久力がないなどといわれています。文部科学省の運動能力調査でも、垂直跳び、反復跳び、五〇メートル走は身長の伸びに見合う数字が出ていますが、立位体前屈、上体そらし、背筋力などが小学校高学年から中学・高校になるほど落ち込んでいるのです。日本体育大学の正木健雄名誉教授が、「人間がしっかりと二本足で立つためには背筋力はとても大切だが、それにもう一つ忍耐力を培う大事な筋力でもある」といっているように、この背筋力の低下は生きる力の衰退にもつながっていくことなのです。

このような運動能力の低下は、明らかに日常的に体を鍛える習慣がなくなっていることによります。小さいときからわんぱく遊びもなくなり、家で家事を手伝うこともなくなっています。遊ぶ空間もなくなり、思いっきり動けなくなっています。加えて、食べ物も、甘い物、食品添加物、偏食、西欧化などでカルシウム・ビタミンなどの栄養不足になっています。

最近の高校生は、手足を使って物を作る、道具を使いこなして遊ぶ、運動によって自分の身体を思うように機敏に操るといったことの訓練が不足していて、何度も失敗を重ねながら目的にかなうように物を仕上げたり、注意深く組み立てたりする経験がなく、注意力も集中力も忍耐力も不足しています。その結果、何もやらないうちに、「先が見える」などというようになり、また、空間感覚、平衡や調和の感覚がしっかりしていない生徒が増えてきているそうです。

このように、自閉症児・発達障害児の特徴の一つである、運動能力が低く、自分をコントロールできないということも、最近多くの子どもたちに見受けられるようになってきているのです。

私の長男も、多動性があったこともあり、外に出すことは少なく、また、乳幼児期の頃、はいはいをどんどんさせたり、動かしたりすることがなかったので、運動能力がアンバランスで、「ケンパ」をやらせてもよくできませんでした。私たちはそれに気づいてから、マラソンをやらせたり、自転車に乗せたり一緒に遊んだり、遊ばせたりし、極力身体を動かす、しかも目的をもたせて、それに向かってやらせるような訓練をしました。

六　手を使わず、知的能力が低下

知能テストを受けない、受けられない子どもが多く、ＩＱが測れない場合が多いのも、自閉症児・発達障害児の一つの特徴だといわれています。

最近の子どもたちは鉛筆を削れない、ひもを結べないなど手先が不器用になったといわれています。手は、遊びからやがて手仕事を覚えて労働をし、文化を創造した人間の原点です。ところが、子どもから遊びが消え、手仕事の手伝いも消え、「便利なことはいいことだ」という機械文明の中で、この人間の原点である手をどんどん使わなくなり、不器用になってきています。

手こそ、頭脳を発達させ、すぐれた文化を創り上げていく作り手となり、また、創造する心にもなっていくのです。

今日、高校生などの学力低下が心配されています。能力主義教育体制に原因の根源がありますが、遊びや手仕事が失われつつあることにも原因があります。注意深くじっくり考え、手を使い、集中して物をつくり上げる経験が欠けているので、それが学習態度にもあらわれ、集中力、注意力、忍耐力、言葉でものを考える力が弱くなってきています。

また、暗記中心になっているので、本当の思考力が育っていません。そのため、思考も生活も受動的なものになり、学んだことを経験や生活と結びついて、主体的にものを考え、判断し、自信をもって行動できるような人格的発達とまったく結びつけていないのです。

このようななかで多くの子どもたちが学力低下、知的能力の低下をきたしていると思われます。私の長男も言葉に関して遅れていて、それに伴って知的能力も遅れていました。私たちはこれに気づき、集団保育に入れ、ダイヤブロックや粘土、積み木などで遊ばせ、極力手を使わせるようにしました。そして、言葉がだんだん出てくるようになってきてからも、手はできる限り使わせ、遊ばせることも欠かさないようにし、目的をもって、それに向かって注意力を集中し、忍耐力をもってやらせるようにしました。家の手仕事を手伝わせるようにもしました。

自閉症児・発達障害児には、その他、多動性、自傷行為、情緒不安定、同一性の執着、視線の異常などの特徴があります。今まで述べてきたように、数々の環境の変化のなかで、子どもたちは遊びも手仕事も真の学力も失ってきていて、子どもの内面は発達せず、そのなかで、情緒不安定の子ども、落ち着きのない子どもなどが増えています。これらの自閉症児・発達障害児のいろいろな特徴は、自閉症児・発達障害児だけでなく、多くの子どもたちに見受られるようになってきているのです。

七　環境の悪化

今まで述べてきた自閉症児・発達障害児の特徴についてみていて、うちの子どもにも該当するが、大丈夫だろうかと考えられる親もいることと思います。自閉症児・発達障害児というのは、前述したトータルとしての環境悪化のなかで、たまたま母体の栄養の偏り、食品添加物、薬害、ストレス過多などが原因となり、人とかかわっていく機能など、脳の総合機能のプロセスが健康児より弱かったために、症状が質的に強く出てきたものだと考えています。

また、乳幼児期に抱っこしたり、あやしたり、はいはいさせたり、言葉のリズムを与えたり、立たせたり、歩かせたりなど、私たちが祖父母、父母などからやってもらったこと、承継してきたことを現代の親たちはやらなさすぎると思います。核家族化、狭い部屋、共働きなどでの仕事の忙しさ、テレビの子守り化、バラバラの育児書の氾濫などで、それらができない状況にもなっています。

障害のある子の早期発見・早期治療・早期教育が日本では立ち遅れているため、自閉症児化・発達障害児化させていく環境悪化のなかで、より悪化させ、手遅れにもなっている自閉症児・発達障害児が多いようです。

自閉症児・発達障害児、また、自閉的発達障害症状をもった子どもたちは私たちが思っている以上に増えています。現代社会は、人間としての生きる力、人間らしさ、健康を、このような形で子どもたちから奪いつつあるのです。

八　子どもの人間性回復

このような子どもの人間性喪失、自閉症児化・発達障害児化をどのように克服していったらよいのでしょうか。

長男の自閉症に対する私たちの取り組みの経験を述べていきます。これは今増えてきている発達障害児への取り組みともつながるものと思っています。

自閉症児を文字通り解釈すれば、「自分だけの世界に閉じ込もった子ども」となりますが、対人関係の障害、認知障害、言語障害、情緒障害、脳障害などというようなはっきりした概念はまだなく、原因もはっきりわかっていません。しかし、自閉症児の特徴が多くの研究によって挙げられ、いろいろな原因によっていろいろな症状を呈する一つの症状群としてとらえられるようになっているようです。

治療方法も、母子関係の障害が原因だとして、親の態度を変える方法や、母子関係のひずみとして起きた症状を取り去るということで、子どもを自由に遊ばせ、欲求不満を解消させようとする遊戯療法（プレイセラピー）が試みられています。また、受け身でなく、治療教育的な訓練要素を取り入れ、積極的な働きかけを行う行動療法もあり、さらに、最近では自閉症の子どもだけを集めた治療的アプローチでは不十分で、もっと普通の子どもとの刺激が必要と、子ども集団で学び治療するという統合教育、交流教育の方向に向かいつつあります。

私の長男も、妻が種々の病院、相談所などを転々とし、ようやくある病院で遊戯療法を受けるようになり、多少落ち着きを取り戻しはしましたが、しかし、言葉の遅れや情緒不安定などはなかなか治りませんでした。そして、三歳になって保育園に入園させてもらうよう働きかけ、半日入園が一日入園となり、長男は集団保育の中で次第に障害を克服し、めざましい発達をとげました。以下、どのような点がめざましい発達の力となりえたのか、私たちの体験のなかから述べていきたいと思います。

九　私たち夫婦の変化

私の長男が言語・情緒障害を克服し、めざましい発達をとげたのは、私たち夫婦が変わったということと、集団保育のすばらしさに大きな原因があったものと思われます。

まず私たち夫婦の変化から述べてみます。

1　克服のための学習

私たちは長男の自閉症克服に取り組むなかで、前項で述べたように、一般健常児ですら、自閉症傾向を多く生み出している悪化した環境に置かれていることを知りました。そして、そのような悪化した社会環境が自閉症児を生み出し、また、障害を克服することを困難にし、拡大してきていることも知りました。

健常児ですら、環境を改善していかなければ（例えばテレビの視聴時間を制限するとか、遊びを増やすとか、集団の中で遊ばせるとか）、自閉症的傾向に追い込まれている社会状況にあるとすると、自閉症児にとっては、より一層深刻な問題となっていることは間違いありません。ですから、健常児以上に諸々の環境悪化（家庭環境であれ、地域環境であれ、教育環境であれ、文化環境であれ、自然環境であれ）にトータルとして立ち向かい、改善していかなければならず、その中で親自身も変わっていかなければ、自閉症児の障害の克服も発達の保障も困難になっていることを、私たちは悟ったのです。

そのため、私たち夫婦は勉強しました。なぜ長男は自閉症児になってしまったのか、なぜ克服できず、発達できなかったのか、どんな取り組みをしていったら克服し、発達できるか、自閉症児を取り巻く環境がどのように悪化しているのか、そして、これにどう取り組んでいったらよいかを学習し、専門家の人々からも意見を聞いて、実践してきました。

2　国の取り組みの立ち遅れ

日本の障害者福祉、医療、教育の貧困さから、自閉症に対する国の取り組みはまったく立ち遅れ、福祉においても、教育においても、医療においても、子どもたちが差別され放置されていることを知りました。

また、そのような貧困な福祉や医療・教育環境が自閉症児を生み出し、障害を克服することを困難にするだけでなく、拡大してきていることも知りました。自閉症児をもった親たちは、他の障害児の親たちと同様に、ただおろおろするばかりで、不安と精神的緊張が高まり、親自身も情緒不安定障害に陥り、これが子どもの情緒不安定障害により悪い影響を与えているのです。

私たちは、この不安感や精神的緊張からも解放されるよう、貧困な福祉、教育、医療の改善にも立ち向かい、その中で親自身も変わっていかなければ、自閉症児の障害の克服も、発達の保障も困難であることを認識しました。

3　環境の大切さ

『二十歳になった自閉症』（創世社）の中に、東京都立教育研究所が行った教育的立場からの自閉症児の観察の追跡レポートが載っています。

これを読むと、自閉症児は極めて敏感に反応しやすく、よい環境におかれれば、また、よい親、よい教育者、よい集団が理解をもって、一体となって自閉症児の障害の克服、発達のために協力していくような体制におかれれば、どんどんよくなっていくことがわかります。ただ、今までよい環境にいても、環境が悪く変わると、たちまち後退現象を起こしてしまうようです。

私たちが変わっていったのと同時に、早くから集団保育へ入れたことが成功した理由と思われます。個別指導では限界があるのです。

十　集団保育

1　自閉症の特徴からの集団保育の意義

自閉症児は、「人とかかわる能力が欠如し」、「外界の刺激を正しく処理し総合することが欠如している」ことが特徴です。一人でものと取り組むことがあっても、他人とまじわっていくことが欠如しているので、思考の道具以外の、伝達の道具としての言葉の機能が発達していきません。そのため、人と人との体ごとの関係による共生関係、人と手をつなぐ関係、道具を媒介に人とかかわる関係、頭の中に人を描き、人との関係を取り入れ、言葉によって人とかかわる関係にもつれが生じています。

このもつれを直していくには、人とのまじわりを増やしていく集団的な力に依拠せざるをえなくなってくるのです。

2　個別指導の欠陥と集団保育の意義

自閉症のための総合的な医療福祉施設がないので、自閉症児をもつ親は、自閉症児の言葉が遅れていると、「言葉さえ出てくればこの子は普通の子どもになる」と考え、「言葉の治療教室」、「言葉の訓練」といった施設や診療所へ高額の費用をかけて通わせがちですし、一時私たちも長男を通わせていました。

しかし、家庭での対処については、専門家の援助を受けるのが望ましいとしても、一対一の個別指導で言葉を覚えさせようとすると、かえって子どもの口を閉ざすことが少なくありません。私たちも経験していますが、子どもに言葉を強制的に覚えさせようとすると、かえって過剰負荷の状態に陥り、混乱したり、その場から逃げ出したり、緊張して自身を失ったりし、固くなり、攻撃的になって口を閉ざしてしまう情緒反応を示してしまいます。

また、自閉症児にしても言語障害児にしても、その障害やもつれは、単に言葉のみだけでなく、あらゆる機能や能力にも及んでいるものであり、そのため、他の機能や能力を高めることによって、その障害を克服できるものと考えます。それには個別指導では不十分です。温かい雰囲気の中での人とまじわることで、自然に語りかけが行われ、しかも、人と人とのぶつかりのなかで、発達の基礎的栄養分を吸収できる集団的な力に依拠することが望ましいのです。

3　集団保育の発達的意義

集団保育の発達的意義は、保育園に入っていなかった私の長男をみても明らかです。長男は次のような状況でした。

○家の中では保育園と違って生活時間が決められていないので、また、自閉症児自身も情緒不安定や多動性など基本的生活習慣が身についていないので、リズムある生活ができず、夜遅くまで起きていたり夜中に起きたりし、生活リズムを崩し、健康や発達を阻害した。

○多動性のため交通事故を心配し、家の中に閉じ込めたため生活空間は狭く限られ、のびのびと遊ぶ環境もなく、不健康な暗い部屋の中で親との緊張関係におかれていた。また、自閉症児にとってまったくマイナスとなるテレビの前におかざるを得なくなりがちで、かえって障害を助長し、健康な発達を阻害した。

○健康や発達の基礎的栄養分である友達とのぶつかりのなかで遊び、対象に働きかけ、これらを変化させるといった重要な活動が家ではほとんど不可能で、健康や発達を阻害しがちだった。

一方、集団保育では、子どもの生活時間にリズムとアクセントを生み出す客観的な条件が与えられ、子どもを「家」という狭い生活空間から解放してくれました。同年齢や異年齢の子ども集団に参加し、狭い人間関係のもとではできないさまざまな遊びやその他の活動を繰り広げることができるようになり、発達にとって種々の基礎的栄養分を摂取することが可能になります。

4　人間的障害児観と実践、研究の成果

従来の障害児観は、一般に「障害を見て人間を見ない」といわれ、障害のみに目を奪われ、障害をもちつつも人間として発達しつつあるものだという見方は極めて弱いものでした。しかし、最近の実践や研究を見てみると、集団保育の中での子ども自身の努力とまわりからの働きかけは、子どもの発達のための基礎的条件を保障し、これに手と身体と心を十分に働かせることを総合すると、障害克服は一層効果を増すものであることが示されています。

私の妻は、自閉症の「親の会」で行う、自閉症や言語障害克服への実践活動の講習会を時々聞きにいきましたが、今まで自閉症児の個人指導を考えていた人々が集団指導に取り組んで、自閉症も言語障害も集団保育のほうが大きな効果を収めていることを知り、考え方を変えていったという話をよく聞いてきます。

私の長男も、集団保育に入ってから、まわりの人が驚くくらい言葉を話せるようになり、落ち着いてもきたし、他の面でも成長してきています。また、ほかでも集団保育の素晴らしい実践例などが、多く報告されています。

5　母と子の権利の同時保障の原則

障害児をもつ親は、健常児をもつ親以上に出費を余儀なくされます。障害児の医療費も、教育費も多くなり、しかも障害児の看護のため大きな負担も強いられています。食事の世話、排泄の

処理など健常児以上に気を遣い、疲労しているのです。神経障害などを起こし、自殺に追い込まれている親の例を私は知っていますし、新聞などにも、時々「障害児をもつ親、心身共に疲れ自殺する」などの記事が載っています。親、とりわけ母親は子どものために自らの権利を放棄せざるを得ない状況にも追い込まれているのです。

私は、母親のためにも集団保育が必要と考えるのです。

十一　家庭と保育園が一体となって

家庭と保育園とが一体となって、長男の言語障害と情緒障害とに取り組んだことが大きな成功の力となりました。

最初は「手のかかる障害児」として、午前中、しかも実験的に様子を見るという条件でしか保育園へ入れてくれませんでした。しかし、入園して一学期が終了した夏、私たちは園長や担任の先生にもお願いして一日通園にしてもらいました。そうすると、長男はいちだんと集団生活になじみはじめ、友達の名前も覚え、言葉の数も増えていきました。

担任の先生にも、意識的に取り組んでいただきました。例えば、長男が列にきちんと並ばないとき、友達の子どもたちに「○○ちゃん、ちゃんと並んで！」と長男に声をかけてもらい、それにびっくりした長男が、その子どもたちとのかかわり合いのなかで、少しずつ生活習慣を身につけていくなど、単に一対一の個別指導では得られない集団的な取り組みをしてもらったのです。その結果、長男も基礎的な生活習慣や集団生活が少しずつ身についていったようです。

他の友達も、最初は手のかかるおかしい友達が入ってきたという感じでしたが、みんなと同じ友達として長男を扱ってくれ、次第に多くの友達から「○○ちゃん、○○ちゃん」と親しくしてもらえるようになりました。しかも、友達の心の中に、困っている子どもは助けてやらなければというやさしさが生まれて、それがまた長男にとっても励みとなっていったようです。そのなかで長男はどんどん成長し、障害を克服していきました。

私自身も内臓の病気を克服して明るくなり、今まで長男に対する父親としての役割をまったく放棄していたことを反省し、自閉症児の問題、障害児の問題、子どもの教育の問題、子どもの医療問題にも関心をもち、長男に対するようになりました。

しかし、保育園は保育園で、家庭は家庭でと別々に取り組んでいて、一体となった取り組みがなされていなかったこともあり、二年目の保育園の卒園式のとき、子どもたちの劇があり、長男が出る際に泣いていたという事件が発端となり、園長先生を中心に私たちと先生たちとで話し合ったことがありました。「なぜ長男だけが他の男の子と同じような役で出られないのか、出たくて泣いたのでないのか、その要求を大切にすべきでないのか」と妻が訴え、「まだ長男は他の男の子と同じような役で出ることは無理で、泣いていたのは、待っていられないから、がまんしていられないから泣いたのではないか」と先生が反論し、議論となったのです。そして、私たち親と保育園との間の意思疎通、連絡が不十分だったため、お互いに誤解と不信が生じたのだということを親側と園側とが反省し合って、それ以後、毎月長男の障害への取り組みのための懇談会をつくってもらいました。

この懇談会が軸となり、家庭と保育園とが一体となって長男の障害と発達に取り組んでいくことになり、これを契機として、長男はまた素晴らしい発達を遂げていきました。

十二　発達への重要な観点

私たちは保育園と一体となって、次の観点から長男の障害と発達に取り組んでいきました。

1　子どもの発達の事実を見つめ、子どもの要求に学ぶ

障害児でも、言葉がしゃべれなくても、何かを要求しているのです。とくに障害をもつ子どもの場合には、要求と要求表現の手段の発達とのアンバランスから、適切な発達援助の活動が用意されていないときには、要求は問題行動の中に表現されているのです。

長男も言語障害をもっているので、自分の要求を言葉で表現することがまったく下手です。そのため表現が通じないとイライラし、情緒不安定になり、乱暴な行動で表現することがあります。これを理解しようとしないで、子どもの要求をとらえず、つい乱暴な子だとか、心の落ち着かな

い異常な子だととらえて、しかりつけたりし、かえって発達を阻害するようなことがありました。多動的な動きをするなかでも、情緒不安定な行動のなかでも、子どもは何かを要求しているのです。その要求を踏みにじっては、その子の障害をより助長してしまうことを知りました。言葉を発せなくても、それ以前に子どもの要求が出てくるのです。しかし、要求が出てきても、その要求を取り上げてつかもうとしなければ、子どもにいろいろ経験をさせても無駄であることを知りました。劇の際に泣いていたのも、他の男の子と同じ役で出たいという要求として、私たちはとらえようとしました。私たちは保育園でもこの点を要望していきました。

2　子どもの発達の条件は何かを考えていく
——障害を見て人間を見ないという過ちに陥ってはならない

障害児に対する見方や働きかけに関して、私たちは障害を見て人間全体を見ないという傾向に陥りやすいものです。

言語障害には言語訓練をといったように、障害の事実と働きかけの方法をすぐ短絡的に結びつけがちです。医療でも専門家の間でもどうもそれが一般的なようです。私たち、言語障害児をもつ親の多くもそのような考えが一般的です。

当然、言語訓練も必要と思います。しかし、言語障害をもつ子どもも、いうまでもなく、様々な能力について常に発達し続けているのです。そして、発達とのかかわり合いのなかで、言語障害の質も異なっていきます。

私たちは、全体的に見て子どもの発達に問題があるとすると、どの発達の条件が不十分であったり欠落したりしていたためなのか、それを把握して、全体の中で吟味しながら言語訓練が位置づけられなければならないことを知りました。

長男は、仮死状態で生まれて肺炎となり、その後病気ばかりしている身体の弱い子でした。また、私たち夫婦も病気であったため、大切な一、二歳のとき、きちんとした働きかけも語りかけもほとんどしないで、テレビなどに子守りをさせてきました。長男は、情緒不安定なため夜中に起きてしまったり、朝寝ていたり、リズムのない不規則な生活の中におかれていました。

このような発達のための条件の欠陥に目を向け、身体を強くするためマラソンをさせたり、テレビを極力見せないようにし、規則的な毎日を心がけ、生活にリズムをつけるようにしました。食事もカルシウム、ビタミンの多い野菜を多くとるようにし、便秘をなくすよう、排便を習慣化させるようにし、手をよく使わせるようにもしました。

そのようななかで、極力語りかけを多くし、話すようにしむけ、間違っていれば温かい雰囲気のなかで直すようにしたのです。

言語の障害があるということだけを取り出して切り離し、それに対してどう対処するのかを考えていたのでは問題の解決にはならないことを知り、この観点で対処することによって、長男がどんどん発達してきているのを見ると、障害は治らないという考え方は、障害児を人間として見ていない考え方であり、人間として見れば、単に発達のもつれがあった一人の子どもにすぎないということを感じるのです。

障害児の障害を生んだ原因、これを助長し克服をはばんでいる発達のもつれの原因は、社会的な要因が大です。食品・薬品公害、医療の矛盾、環境公害、家庭と環境の悪化、教育の荒廃、社会環境の破壊とその影響が、子どもたちの障害をつくり上げ、克服発達をはばんでいます。ですから、この社会的影響にスポットを当て、子どもたちの障害をつくり上げ、助長し、発達をはばんでいる要因を克服していかなければ、何の解決にもなりません。障害児を人間として見て、このような悪条件と対決していかなければならないのです。

このような発達の観点で「人間を見る」ことから出発することが極めて大切なのであり、そのため、私たちは、言葉の数が増えたかどうかよりも、毎日の二四時間をどのように過ごしているのか、遊び相手はいるのか、どんな種類の遊びをしているのか、どんな食事をしているのか、体力の衰えはないのか、リズムある生活をしているのかなどに配慮し、長男の発達にとって、障害の克服にとって、望ましいものになっているかどうかに目を向けています。

3　その子が現在できることを確かめる——○○ができないでなく、○○ができる

人間の発達は、自己を取り巻く世界からの影響を受けると同時に、逆にまわりの環境に働きかけこれを変革していくなかで、つまり、外界との関係のなかで獲得していくものであるところに、

他の動物とは違う特徴があります。

私たちは、長男が具体的な行動のなかで、どのような形でまわりの世界と取り組んでいるかをよく確かめ、しかも、発達的な観点をより積極的に取り入れ、長男がどのように外界とかかわって、「できるようになっているのか」を見るようにしています。

妻は、すぐ他人と比較し、「ああ、まだ○○もできない」といって、嘆きがちです。しかし、子どもの発達は、その子ども一人ひとりの発達として見なければなりません。競争能力主義の教育のせいでしょうか、能力によって子どもを差別しようとする風潮があるので、私たちは、あの子は「○○ができない」と見てしまう傾向があります。

しかし、子どもは障害児であろうが、健常児であろうが、日々発達しているのです。他人の手を借りなければできなくても、むしろ他人の手を借りることによってできるようになったことが、その子にとって発達なのです。それが次第に一人でできるようになる過程なのです。

私の長男が入学した学校で、全盲の子が、はじめは手をつながれてかけっこをしていましたが、そのうち、先に友達がかけっこをしている感じを肌でつかむようになり、一人でかけっこができるようになったという話を聞き、私は感動しました。

私たちは小さなことでも「○○ができるようになった」と見るようにし、子どもを励ますように努力しています。また、そう努力していかなければいけないと思います。

障害をもつ子は、発達にもつれがあったにすぎず、決して人格の発達障害ではないのです。むしろ受験戦争でエリートコースに乗り、人をけおとすことのみ考えている人にこそ、人格の発達障害が見られます。

私たちは、どんな子どもに育てていくかを考えるようになり、不思議に「○○ができない」といって子どもを見なくなりました。

4　できるようにすることも、できることをさとらせるのも集団の中で

長男は、保育園に入ってから本当に私たちが目をみはる発達を遂げました。集団の力に依拠し、ぶつかり合い、協力し合いながら、できなかったことができるようになり、また、現にできていることをより豊かにしていくことができるようになりました。

私たちは、保育園という集団の中のみならず、家へ帰ってからも、地域の集団に多くの同年齢、異年齢の友達を見つけて、遊ばせるようにしました（小学校ではもちろん、学童保育にも入れています）。しかし、本当に子どもは遊ばなくなったのか、地域には友達も少なく、いても長男より下の子だったりし、同年齢の子を見つけても言葉がしゃべれないので、馬鹿にされてくることもあります。それでも、極力多くの友達と遊ばせるようにしました。

私たちの長男が保育園で素晴らしい発達をとげ、障害を克服したので、「親の会」の母親はこれに刺激されてか、保育園に入れてもらうようみんな頑張っています。ただ、保育園不足、保母不足のためか、断られることもあり、あつれきが多いようです。また、集団の中で育つのはいい

としても、保育園の質によって大分違っているようです。積極的に取り組んでくれる先生がいたり、保育園全体で取り組んでいたりするところに入った言語自閉障害の子どもは、どんどん発達しているようです。そのため、私たち親が保育園に積極的に働きかけていく必要が、また、保育士さんたちが安心して障害児にも積極的に取り組めるような保育体制をつくり上げていくことに協力していく必要があるものと考えます。

今まで述べてきた長男の発達と障害の克服については、障害をもった子どもの発達のみならず、健常児の多くの子どもたちの発達にもつながる、共通の課題や問題であることがわかると思います。

そして、これから述べる障害のある子・人々の人権に関する裁判を考えていただければ、より課題や問題をとらえやすくなるものと考えています。

第二章　M学園障害児進級拒否事件

一　学校から登校を拒否される

国連の障害者権利条約では、「締約国は、教育についての障害者の権利を認める。締約国はこの権利を差別なしに、かつ、機会の均等を基礎として実現するため、障害者を包容するあらゆる段階の教育制度及び生涯学習を確保する」（二十四条）とうたわれています。日本はこの条約を二〇一四年一月に批准しましたが、これを真に実現するには、本来の意味でのインクルーシブ教育（障害の有無に関係なく、誰もが地域の学校で学べる教育）が必要です。

しかし、現在、障害のある子は原則、特別支援学校・学級に就学することになっていて、普通学級への就学は「例外」扱いです。

障害のある子は、就学時の健康診断によって「発見」されます。従来は、学校教育法施行令二十二条三項の就学先決定に関する基準に従って障害の種類・程度に応じて一律に就学先が決定されていました。二〇一三年の学校教育法施行令の改正により、教育委員会には保護者の意向を確認・尊重することが規定されましたが、医師などの専門家の意見や就学先の環境条件などとともに「総合的に判断」し、保護者の意向と教育委員会の見解が異なった場合、最終的には教育委員会が決定するとなっています。それを拒否し、地域の学校へ通うには相当なエネルギーと時間が必要です。

だいぶ前になりますが、私は弁護士として、統合教育（健常者と障害者を区別した上で同じ場所で教育すること）を進めていた進歩的な学園で自閉症の子が進級拒否された事件を扱いました。この事件を紹介し、障害のある子の就学について、教育体制について考えていきたいと思います。

この事件は、東京にある私立M学園で起きました。M学園は、小・中・高一貫教育をうたい、あらゆる子どもを差別することなく、各自の個性を尊重した教育を実践してきたことで広く知られています。

一九七四年生まれのA君は、三歳の頃から自閉的傾向による言葉の遅れが疑われていましたが、自由な校風をもったM学園で一般の子どもたちとともに学ばせてやりたいとの両親の希望から、一九八二年四月、同学園に入学しました。

A君は以後、一九八八年三月まで通学し、情緒不安定な時期も一時あったものの、本人の懸命の努力や先生、児童たちの温かい支えによって、全体として着実な成長を遂げてきました。

ところが、七年生＝中学一年生への進級が間近になった一九八七年十二月に、A君は同学園小・中学校のY校長から進級拒否の通告を受け、翌年四月からの登校を拒否されてしまったのです。

なんの疑いもなく七年生への進級を信じていたA君の両親は、予想もしなかった学園の突然の措置にぼう然とし、再三にわたりY校長に対し、弁護士を通じて同措置の撤回を求めました。しかし、学園側はあくまで撤回を拒否し続けたので、一九八八年十一月十九日、東京地方裁判所八王子支部に、「M学園における七年生の地位にあることを仮に定める」との仮処分の申し立てを行うに至ったのです。

私たちはこの裁判のなかで次のように主張しました。

M学園が小・中・高一貫教育体制を採用して独自のカリキュラムを組んでいること、「卒業生はM学園中学校へ全員進学できます」とのチラシをA君の入学時に配布していたこと、過去において七年生への進級を拒否した事例がないこと、以上のことから、学園とA君の間には、少なくとも九年間の在学に関する契約が締結されているわけで、正当な理由なくA君の進級を拒否したことは、A君を教育するという学園の債務不履行であり、A君の学ぶ権利を侵害したものにほかならないと。

A君の言葉の遅れなどの事由は、A君が一年の入学試験を受けた当時、学園側は十分把握していたことで、情緒不安定な時期が一時あったとはいえ、本人の努力や先生、児童たちの支えによって、進級の時期には着実な成長を遂げており、正当な拒否理由は見当たりませんでした。しかも、A君や両親と学園との間で話し合いもなく、進路変更がほぼ不可能な時期に、突然一方的に通告されたもので、適正な手続きを踏んだものではなく、違法といわなければなりません。

私たちは、学園には「統合教育」についての優れた実践例があり、今回の学園の進級拒否の措置は、国連における「障害者の権利宣言」（一九七五年）をはじめとする「ノーマライゼーション」（障害のある人もない人も、互いに支え合い、地域で生き生き明るく豊かに暮らせる社会をめざす）の理念と統合教育の実践についての世界の潮流に逆行するもので、また、憲法上の障害のある子の学習権、父母の子どもに関する教育権に違反するものであることを主張しました。今なら、国連の障害者権利条約二十四条のインクルーシブ教育実現の条項に当然違反しているものでした。

二　裁判に勝ち、復学して元気に卒業

障害をもっている子を、障害を理由として一般の子どもたちから強制的に分離排除することは、憲法十三条の個人の尊厳、幸福追求権の中核をなす人格的利益を侵害することであり、許されないことです。また、憲法二十六条で保障されている教育を受ける権利を障害のある子から奪うことになり、憲法十四条・教育基本法三条の法の下の平等、教育の平等保障に違反することでもあります。しかもA君の成長・発達にとっては普通学校がよいとの父母の教育方針を否定し、子どもに普通教育を保障している憲法二十六条に違反することを主張するなどして、私たちは統合教育を保障する理論を展開しました。

学校側は、「私学には幅広い教育裁量がある」と主張しました。これに対しては、私学には独

自性があっても、学校教育法上教育の公共性の役割もあって、決して無制限なものでないこと、昭和女子大退学処分事件の最高裁判決でも述べているように、生徒を辞めさせるには合理的な理由がなければならないこと、私学の伝統・校風・教育方針なども生徒との契約の内容をなしているとしても、相手方の学園はこれまで小・中一貫教育と統合教育の実践を重ね、これを誇示・宣伝してきて、A君の障害を十分に知りながらあえて入学を許可した以上、両親の意思に反して、特に義務教育の段階で、途中で放り出すことは許されるものではないことなどを理由に反論しました。

こうした私たちの闘いに対して、A君の支援のために結成された「A君の七年生進級を実現する会」(以下、「実現する会」)の会員をはじめ、多くの学園関係者、統合教育の実現拡充をめざして頑張っている「障害児を普通学校へ・全国連絡会」などの親、教員、研究者、医師、実務家、子どもの人権の確立をめざしている弁護士、憲法・教育法の研究者など、幅広い人たちからの支援協力をいただきました。

能力選別教育体制がますます強化されようとしているなかで、障害をもつ子への偏見を打破し、その人権を確立する上でも、負けられないという気持ちのもとで、弁護団は一丸となって、学園側からの反撃を許さないほどの証拠の収集と理論を構築し、裁判官を私たちの側に引きつけようと努力していきました。

その努力が報われ、一九八九年の三月末から四月にかけて、代理人らの要望に基づき、裁判所はM学園に対し、A君を「教育的配慮に基づいて」復学させるよう強く和解を勧めるようになりました。

学園はこれを受け入れませんでしたが、同年六月二十三日、裁判官は私たちの主張をほぼ全面的に認め、A君がM学園の八年生であることを仮に定めるとの決定を下したのです。

同裁判官は決定理由のなかで、一貫教育体制の採用からただちにその教育期間全体についての在学の契約が締結されたとみることはできないが、本件ではM学園が九年間を一体とする特殊なカリキュラムを編成していることや、「卒業生はM学園中学校へ全員進学できます」とうたったチラシを配布していたこと等の「特段の事情」が存在するから、A君と学園との間には九年間の在学の契約が成立しており、本件進級拒否は右契約を解約する意思表示である。しかし、M学園が主張するA君の「障害」に関する事情は、学園が入学選考時において、すでにその事実を知っていたこと、小学校在学中に全体としてA君の障害の状態が改善されたこと、さらには、A君の将来のためには早急に学園に復帰させ、特別な配慮を避け、仲間と平等に扱うべきであるとの専門家の意見も存在することなどから、本件解約する理由はない、と述べています。

そして、六月二十九日、A君は一九八八年の三月以来一年三か月ぶりに、級友たちの歓声に包まれながらM学園の土を踏みました。その後、学園はこの決定に対し異義申し立てをせずに、A君を受け入れ、A君は元気に学園に通って卒業したのです。

三　裁判に勝つまでの努力

なぜこの事件で勝つことができたのか。

M学園は、全盲の子どもを受け入れて一般の子と区別なく教育した最初の通常の学校として全国的に有名であり、肢体不自由の子ども、義眼の子ども、難聴の子ども、学力遅滞の子ども、登校拒否の子ども、筋ジストロフィーの子ども、情緒不安定な子ども、自閉的傾向の子どもを数多く受け入れてきました。

教育評論家として有名な亡き金沢嘉市氏がM学園の理事をしていた頃、M学園に高井かおるちゃんという全盲の子どもが入学しました。学校としては初めてのことですから、先生方もその子を入れるべきかどうか心配をしたそうです。ところが、試験的に入学させてみたところ全く普通の子どもと変わらない。普通の子どもと同じようにできるし、健常児と生活することによってその子は鍛えられていきました。ほかの子どもたちもその子に特別な同情はせず、まったく同じに接しました。ときには喧嘩もしながらほかの子と同じように集団の中で成長していきました。音楽会で歌い終わって、子どもたちがステージの階段をおりてくるとき階段のところまで来ますと、そばにいた男の子の手がさっと本当にさりげなくその手に触れ、一緒におりてくるのです。

ある養護学校の高等部を卒業した生徒が「今まで養護学校で大切にされてきたが、これからはきびしい社会に出ていかなければならない。健常者と共にほんとにやっていかれるだろうか。心配でならない」と言っていたことが耳に残っています。障害者も健常児も共にいっしょに学んでいたら、こんな不安は生じないだろうに…と思いました。そう金沢先生はおっしゃっていました。このようにM学園は先進的に統合教育を行ってきていたのです。

次も同学園での実践です。学園の通信より引用します。

もう一人、車いすに乗って、踊りの授業を見学していたH君の感想文を紹介しよう。「ソーラン節は、すごくむずかしそうなので、やりたいけれど、ぼくにはできない。だけど、見てるだけでも、おもしろくて、なんか自分もおどっているように感じて、体の中から汗がどんどん出てきて、すごく熱くなった。ぼくは踊らなくてもソーラン節が楽しくなりました。

ぼくは、ソーラン節を見て、漁師の生活はこんなに力強く、たいへんだったことがわかった。だって、実際にはソーラン節を踊っただけでつかれるし、見ているぼくのほうも汗が出てくるんだから。その当時の漁はとても大変だったにちがいない」

「見学していたと」と書いたのはまちがいである。H君は、わたしの太鼓にあわせて友だちといっしょに踊っていたのである。彼の心は友だちの列にまじって、艪をこぎ、網をたぐり、肩をくんで大漁を祝っていたのである。これまで、どんな発表があっても、親には見に来るなといっていた彼が、ソーラン節の発表のときには、ぜひ見に来るように親に勧めたというのである。自分は踊らないけれども、クラスの友だちといっしょにつくってきたソーラン節を、ぜひ見に来てくれというようになったH君の心の変化のなかに、確実に新しい世界にふれ、自分のからだで解釈しながら自分の踊りをつくっていくのである。

車いすに乗って踊りの授業を見学していて、友だちの列にまじって艪をこぎ、網をたぐり、肩をくんで大漁を祝っていて、「自分は踊らないけれども、クラスの友だちといっしょにつくってきたソーラン節を、ぜひ見に来てくれというようになったH君の心の変化のなかに、確実に新しい世界にふれ」たという実践は、学園での統合教育の成果として感動的でした。

H君の母親があるニュースのなかで、「車いすというと病院の片隅にひっそりと並べられていたり、お年寄りが静かに押してもらっている情景を思い浮かべがちだが、ここでは違う。生き生きして活気があるのだ」と述べ、さらに、「考えたこともなかったこの階段の下りはやがてクラスの男子全員ができるようになって次々と私に披ろうしてくれた。おかげで息子の行動範囲がぐーんと拡大されてその分だけ楽しくなった」と述べており、学園では障害をもっている子、もっていない子と区別せず、当たり前に、自然に統合教育を実践してきていることが感動的に表現されています。

以上の例を中心に、膨大な準備書面としてまとめ、収集された証拠と共に一九八九年二月十六日、裁判所へ提出して、決定に臨みました。

「実現する会」のお母さん方も、この日まで弁護団と共に集会を開き、署名を集め、多くの証拠を基に報告書を書いてくれ、弁護団の準備書面の主張などについても意見を申し出るなど、大いに燃え、協力してくれました。こうして裁判所を、学校を、社会的に包囲してしまったのです。弁護団も、すべての弁護士が役割を分担して、自らの力を発揮し、多くの学者からも協力を得、M学園関係者へアンケートを出すなどのアイデアも駆使し、証拠収集や理論構築に努力しました。勝てるかどうか、当時は自信がありませんでしたが、こうした奮闘の結果、学園側を押し返し、裁判官に敗訴の決定を出しにくくしていったことは私たちにも確信でき、やれるだけのことはやりました。

裁判官は予定した三月の終わりになっても決定を出せなくなっていました。私たちは、三月を過ぎると、もし負けた場合、A君の教育の場、発達保障の場をどうするか悩み、弁護団、「実現する会」、A君の両親と話し合い、考えていきました。

両親は、負けてもあくまでも闘っていく、A君の成長・発達保障に関しては、公立学校の教師をしていた方を指導員として、フリースクールのようなかたちで登校拒否の子どもたちと学び、遊ぶ場をつくり、そこへA君を入れたいとのことでした。

このような両親の固い意志と、A君の「学園に戻りたい」という気持ちも裁判官を変えていったのです。

私たちは、裁判官に、二月十六日提出の証拠・準備書面についての反論が学園側からないこと、できないこと、A君たちはあくまでも闘っていくつもりであること、学園側が決定に従うといっているとすれば、ぜひA君が学園に戻れるよう決定を出すべきで、しかし、その前に学園を説得して和解してほしいと述べました。

すると裁判官は、「障害を知って受け入れて、途中で考えを変えるのはおかしい」、「教育的配慮を考えて戻れるよう和解を試みてみたい」などと私たちにいうように変わっていったのです。

私たちは、学園に戻してもらえば、どのように受け入れるかは学園側の教育的立場を尊重して任せる、と一歩しりぞいたかたちで意見を具申したにもかかわらず、学園側は、結局は和解を拒否しました。

そのため、「決定」ということになってしまいましたが、裁判官も決定書に悩んだのか、和解打ち切り後、十数回も決定日の変更があり、A君の両親はもちろん、私たち弁護団もくたびれ、不安になり、裁判所に対して決定を早くすべきとの申し入れをしたりしました。

そして、六月二十三日、結審して四か月後、裁判所はA君が学園に戻れる決定を下したのです。私たちが展開した多くの点に理解を示してくれた結果と思われます。ついに私たちが待ち望んでいた全面的な勝利を勝ち得たのです。

決定が出たあと、私たちは決定文を持って、学園側にこれ以上争うのはお互いにとって好ましくないので、ぜひ早急に決定に従って受け入れてほしいこと、それも暫定的にではなく、A君の成長・発達を考えて、父母や子どもの意見を聞きながら、受け入れ体制を進めてほしいことを申し入れました。

そして七月初旬、ついにA君は、学園に一年三か月ぶりに戻ることができたのです。その日、A君は駅前でたまたま学園の生徒である友達と会い、その友達は「よかったね」とA君に声をかけてきました。A君も、友だちの隣にいた知らない生徒を見て、友達にその生徒を紹介してほしいといっていましたが、このような子ども同士のやりとりなども、学園にこれ以上争ってA君の復学を拒否できない大きな力となっていったものと思われました。

担任の教師が決まり、私たち弁護士も入っての打ち合わせの席上、担任は「私たちも大人だから」といいました。M学園にいまだ残っている自由平等の精神に基づいてやっていただけるよう、私たちもこれらの教師を信じて、お願いし、その翌日からA君は学校へ通うようになったのです。

学園としては、仮処分に対して争うには異議申し立て、起訴命令による本案訴訟などがありますが、それとてA君側はあくまでも争う姿勢でいること、訴訟の途中でA君は卒業してしまうこと、学園側が自由・平等・個性尊重を掲げていること、これらを考慮し、それ以上争うのは好ましくないと判断したのか、私たちが望んでいたとおり、争うことを断念したのです。

第三章　学校事故、転落事故裁判

一　二階から転落した自閉症児

障害者権利条約は、七条で、障害のある子どもについては、「全ての措置をとるにあたっては、児童の最善の利益が主として考慮されるものとする」とし、十条では、命に対する権利が、十四条では、身体の自由・安全に対する権利が規定されています。

自閉症・発達障害児は多動性ゆえにパニックを起こすこともあるので、よく学校事故が起き、裁判などになったりします。私自身も以前、札幌の施設で自閉症の子が二階から飛び降りて傷害を負い、最終的には、施設の安全配慮義務違反で損害賠償請求が認められた事件を扱ったことがあります。

また、施設から出て電車にはねられて死亡した事件、遠足で突然道路へ飛び出して車にはねられて傷害を負った事件などもあります。後で述べますが、介護している人が手を離してしまったために、バスから降りて自動車にはねられてしまった自閉症の子の裁判を扱ったこともあります。

このように私自身、自閉症に関する裁判を多く扱っていたので、弁護団から協力してくれないかと頼まれた学校事故裁判があります。裁判のなかで自閉症の指導の在り方が争点となって、一審で勝訴し、学校側も控訴せず確定した裁判です。

二〇〇四年十一月二十六日、市立小学校の特別支援学級に通学する自閉症男児が、体育の授業前に校舎建物の二階の体育倉庫に入ったところ、担任教師がこれを叱責したうえ、怒った態度で倉庫の扉を閉めました。自閉症児は倉庫の高いほうの窓（地上約五メートル）から脱出しようとし、入り口と反対側の地面に転落し、オトガイ部裂傷・打撲、下顎部挫創、顎関節症（開口障害）、顎偏位、歯牙破折六本、両膝打撲・擦過傷等の重傷を負いました。

警察の捜査により、事故は「窓からの落下」であることが特定されましたが、個人の刑事責任については、業務上過失致傷容疑で送検されたものの、検察において「予見可能性」の部分で消極的意見が出されたため、不起訴処分となりました。

不起訴処分を受けて、父母は真相解明のためには民事裁判によるしかないと考え、市、担任、校長を被告として損害賠償請求訴訟を提起することとなったのです。

この事案について、二〇〇八年二月二十八日、東京地方裁判所八王子支部は、被告市に原告自閉症男児に対して、三九七万円の損害賠償を認めた判決を出しました。

その理由のなかで、自閉症児に対する被告教師の対応について、自閉症の専門家の意見も踏まえながら、自閉症児に対する指導の仕方が不十分だったためにこの事故が起きたものとしました。

また、市に対し障害児への特別な安全配慮義務違反を認めています。その判決について紹介します。

二　地裁の判決

被告担任Gが原告Nに対し、「そんなに入っていたかったら入っていなさい」と叱責して倉庫の南側の扉を閉め、その後、倉庫の扉を開けるまでの間、倉庫から物音は聞こえず、再度Gが倉庫の扉を開けた時点で、倉庫内にあった一輪車用スタンドは転倒していませんでした。また、倉庫の北側の腰高窓が開いていた事実が認められ、倉庫内には血痕が存在しませんでした。

このようなことから、判決は教師の事故の対応について、次のように述べています。

被告Gがいったん倉庫の扉を閉めて再度開けるまでの間、原告Nが倉庫内にある一輪車用スタンド等から転倒したような物音は聞こえていず、一輪車用スタンド自体も転倒していないことからすれば、倉庫内で原告Nの傷害から推定されるような原告の下顎下縁に強い外力が加わる態様で原告が転倒したとは考えがたい。さらに倉庫内には血痕が存在しなかった点も考慮すると、原告Nが倉庫内で転倒して受傷した可能性は極めて低いといわざるを得ない。そうすると、原告Nは倉庫の北側の腰高窓から外へ出たものと推認され、原告Nの傷害は、倉庫の腰高窓から外へ出て、そこから約五・二一メートル下の地面に落下するまでの間に、あるいは地面に落下した際のいずれかによって生じたものと認めるのが相当である。

そして、この点について、こう判断しました。

一般に、公立小学校の担任の教員は、学校教育法の精神や教師としての職務の性格、内容からの当然の帰結として、学校における教育活動及びこれと密接不離な関係にある生活関係より生ずるおそれのある危険から児童を保護すべき義務を負うものであるところ、被告Gは、心身障害児学級の担任として、学校における教育活動及びこれと密接不離な生活関係に関する限り、障害をもつ児童一人一人の行動の特質に対し日頃から注目し、自ら危険行為に出るおそれのある児童については、かかる結果の発生を回避すべく十分な指導や配慮をすべき義務があると解される。もっとも、かかる義務も、心身障害児学級における集団教育の場における注意義務であるから、心身障害児学級の教育の場において教育者として通常予見し、又は予見可能性がある事故についてのみ責任があるものと解するのが相当である。

そこで、上述した事故の状況を前提に、被告Gに予見可能性があったか否かについて検討されました。

Gは、倉庫の中に入って自ら扉を開けて出てきた原告Nに対し、「倉庫に入ってはいけない」

と注意したにもかかわらず、Nが、再び倉庫の中に入ったことから、倉庫の扉を開けて、倉庫の中央付近にいたNに対して、少し強い口調で、「倉庫に入ってはいけないといったでしょう。そんなに入っていたかったら入っていなさい」と叱責し、倉庫の扉を閉めています。

一般に自閉症の子どもは、言語でのコミュニケーションを苦手としていて、相手が話した言葉を文字どおりの意味にしか解釈できないことがあり、相手の言葉の意味を、その場の状況、相手との関係性などから理解することや、相手の行動や発言からその後の相手の行動を推測することが困難であって、予測できない事態に遭遇すると、相手のいっていることが理解できず、パニックに陥ることがあることが認められています。

このような自閉症の特質から考えれば、Gが、倉庫から出てきたNに対し、「倉庫に入ってはいけない」と注意したにもかかわらず、Nがまた倉庫の中に入ってしまったのは、Nが「倉庫に入ってはいけない」とのGの注意を理解していたとは考えがたいのです。

一方、Gも、この時点でNがGの注意を理解していたかはわからない旨供述していて、NがGの注意を理解していない可能性があることを認識していたと認められます。その上でGは、倉庫に入っていったNに対し、「倉庫に入ってはいけないといったでしょう。そんなに入っていたかったら入っていなさい」と叱責しています。

上述のとおり、自閉症児は言葉によるコミュニケーションが苦手で、相手が話した言葉を文字どおりの意味にしか解釈できないことがあり、言葉の意味を推測することが困難という傾向がありますから、「そんなに入っていたかったら入っていなさい」という言葉を文字どおり受け止め、Nが自発的に倉庫から出てくることを期待したというような、Gの言外に含まれた意味や意図を理解していたとは認め難いというべきです。

そして、Gの認識による限り、Nが倉庫に入ったのはこの事故のときが初めてであり、Nにとって倉庫は未知の場所か、少なくともほとんど入ったことのない場所であり、そのようなところで、Gから少し強い口調で怒っていることを示すようにして、「倉庫に入ってはいけないといったでしょう。そんなに入っていたかったら入っていなさい」と叱責されたうえ、倉庫の扉を閉められ、倉庫内に一人の状態に置かれたわけです。Nに相当程度の不安や混乱が生じたことは容易に推測できます。

加えて、自閉症専門家である広島国際大学教授の証人・伊藤英夫先生は、自閉症の特質を踏まえ、この事故に関しておおむね以下のように証言、陳述しています。

自閉症の人は、相手のいっていることが分からない、あるいは先の見通しが立たないといったことから、不安になったり、混乱に陥ったりすることがあり、被告Gの「そんなに入っていたかったら入っていなさい」との言葉を、原告Nは「ずっと入っていなさい」と字義通りに理解し、倉庫内に一人の状態にされ、助けを求める相手もいないという状況において、不安や混乱からパニックになってしまうことは十分に予想されます。

また、原告Nがパニックになっていないとしても、多動性のある原告Nが、一人の状態で倉庫から出ようとすることは当然ありうることです。そして、自閉症児は、高さなどの空間認知に困難を示すことが多く、高いところに平気で登ってしまうことが多々あり、屋根伝いに逃げ出すなどの話はよく耳にすることで、危険性を感知する能力に問題がある自閉症児の特質として、原告Nが倉庫から逃げだそうとして、倉庫の腰高窓から落下する危険性は予測すべき事態といえるのです。

三　自閉症児の障害特性に応じた指導

東京都教育委員会は、二〇〇六年八月、「自閉症児の障害特性に応じた指導の充実」と題する書面を作成していて、自閉症児に対する指導の内容については、おおむね以下のようになっています。

ア　自閉症の児童・生徒に対する対応として、

①児童・生徒への理解のない対応は、児童・生徒にとって苦痛の体験を重ねることになり、行動障害の改善を急ぐばかりに、手足を押さえる等の行動制限や強い身体的な規制、教師の見守りのない放置等の対応は、子どもへの適切な指導とはいえない。

②言葉かけは、児童・生徒に伝わるとともに、児童・生徒が実行できるような言葉かけを精選して行っていくことが効果的であり、特にくどくどした叱責や感情的な叱責等は、児童・生徒にとって混乱のもとになり、子どもへの適切な指導とはいえない。

③保護者は養護学校や心身障害児学級の先生の専門性に期待しており、自閉症の障害特性は当然配慮して指導してもらえるものと思っており、そのような保護者の期待やニーズを理解しないままの指導は保護者との信頼関係を崩すことになる。

イ　具体的な指導の改善として、

①多くの情報を一度に示したり、次々と言葉かけをしたりするような状況を避け、確実に児童・生徒に伝わるような精選した指示や説明、言葉かけにする。

②視覚優位性を生かすため写真等で作成したカードを作る。

③何がどうなる、何をどうする状態を求められているのかを具体的に明確にしていくため、言葉による指示と合わせて身振りや写真カードなどを補助的に使うことが有効であり、否定的な言葉やいい方に激しく反応する児童・生徒も多くいるため、「～しないでください」というところを「～してください」のように言い換えていく。

④自閉症の障害特性である対人関係の障害は、相手の表情から相手の意思を読み取れないことにもつながるため、活動を正しく行えたら、その都度的確にほめ、結果を返していくとよい。

裁判所は、被告Gがこの指導の在り方からはずれているとの認定・判断をしたのです。

これを踏まえ、被告Gの予見可能性の有無について検討すれば、倉庫内でGから少し強い口調で怒った態度を示すようにして、「倉庫に入ってはいけないといったでしょう。そんなに入っていたかったら入っていなさい」と叱責されたNが、自分にとって未知の場所、もしくはほとんど入ったことのない場所である倉庫に一人の状態にされ、しかもGの注意の内容を理解していない状態で不安や混乱を生じ、パニックに陥り、倉庫内から逃げだそうとして、倉庫の腰高窓から外に出たか、あるいは、パニックに陥っていなかったとしても、多動という自閉症の特徴をもつため、不安や混乱のなかで倉庫内から逃げ出そうとして、倉庫の腰高窓から外に出たことは、十分推測されるというべきです。

被告Gは、二〇〇〇年四月一日、本件学校のさくら学級の担任となり、本件事故当時さくら学級の担任として五年弱の経験を積み、その間、一般的な教育研修七〇講座に加え、「養護学校研修」、「心障学級授業研究」、「自閉症理解」、「広汎性発達障害研修」といった心身障害児学級での教育指導に特化した講座を三〇以上受講し、さらに、毎年自閉症児や自閉的傾向をもつ児童を指導してきたのですから、自閉症児の一般的な特質については理解していたものと考えられます。

また、Gは、Nがさくら学級に入学してから事故までの三年弱、Nの担任として指導し、Nが学校入学前に通園していたK学園の資料に目を通し、またNが入学した後も、原告保護者との間で日課表のやりとりをするなどして、Nに多動な面があること、Nが理解できない場面においてパニックを起こしてしまうことや、Nへの指導の場面で、Nが道路に飛び出してしまうといった日常の経験から、自閉症の特徴である危険認知能力や判断が乏しい面があることを少なからず認識していたというべきです。

そうである以上、Gとすれば、Gの前述の言動により、Nに不安や混乱が生じて、倉庫から脱出するために倉庫の腰高窓から外へ出ることは十分予見可能であったというべきです。

なお、証拠によれば、Nが自閉症児として高い所に登ってしまうなどの危険行為に出る特性があることを、Gが具体的に認識していたとの事実は認められませんが、たとえそうであったとしても、自分の言葉の意味や意図を理解していない様子のNが不安や混乱に陥り、Gがその行動を監視できない状況下で倉庫の腰高窓から出てしまうことは、約五年という少なからぬ経験がある心身障害児学級の担任教諭であれば当然予見すべきであったというべきで、Gの予見可能性を否定することはできないのです。

そして、自閉症の障害特性に応じた指導として、多くの情報を一度に示したり、次々と言葉かけをしたりするような状況を避け、確実に児童・生徒に伝わるような精選した指示や説明、言葉かけをし、否定的な言葉やいい方を避け、「～しないでください」というところを「～してください」のようにいい換えていくなどの工夫をすることにより、Gが、倉庫に入ったNに対し、倉庫に入ってはいけないことや倉庫から出ることを確実に伝わるよう説明し、Nを安全に倉庫から出すことは十分可能であったと認められます。

以上により、Ｇには本件事故につき不法行為の過失が認められる、と裁判所は認定・判断したのです。

この判決は、自閉症の障害特性を踏まえ、学校教育現場での自閉症児の指導について留意すべき点を明らかにしました。そして、自閉症児を指導する学校および教育現場の教師に対して、「言語によるコミュニケーションが苦手」、「初めての場所が苦手」など、自閉症児の特性に具体的に踏み込んで、自閉症児の特性ゆえに、このような事故が起こりうる予見可能性を認識しなければならないことを明確にしています。さらに、学校という教育現場に自閉症児の事故についての特別で高度な義務と責任を課したものでもあり、学校事故の裁判としては重要な判決といえます。

第四章　障害児の性的自立と教育の自由
——都立七生養護学校事件一審・二審判決をめぐって

一　都立七生養護学校の取り組み

都立七生養護学校（現・七生特別支援学校）は、小学部、中学部、高等部からなる知的障害のある子どもを対象とした学校で、生徒約一六〇人、教師約八〇人が在籍していました。また、同校には知的障害児・者の入所施設である東京都七生福祉園が隣接し、在校生の約半数が同施設からの通学者で、比較的障害の軽い子どもが大半でした。

障害があるということは、今の社会の中ではともすれば差別され、否定感が伴い、もともと自信がない上に不安感が増大するため、時に子どもたちの気持ちは荒れていきます。

七生養護学校の教師たちは、このような子どもたちが次々と起こす男女の性的問題に直面し、これを解決するため、その背景にあるものを見つめ、どうしたら目の前の荒れる子どもたちに声が、優しさが届けられるのかを考え、父母も含め教師集団で協議し、試行錯誤しながら、自主的、創造的に障害のある子に相応しい性教育課程をつくり上げてきました。

愛情がいちばん必要なときに愛してもらえなかった経験は、大人に対する怒りや不信となり、暴力・暴言や自傷他害行為となって現れます。また、人間関係に対する自信のなさ、自己肯定感の低さから、大人の要求をひたすら先取りして「良い子」を演じたり、逆に、人に嫌われすることをすることでしか人と関われないといった姿となっても現れます。

障害があっても性的発達は健常児と基本的には変わらず、障害のため、自分の体の変化を理解できず、パニックとなったり、性犯罪の加害者扱いされる行動をとったり、現実に被害者となることも少なくありません。

そのようななか、校内で性的な「問題行動」が表面化し、教師たちの悪戦苦闘が始まります。虐待された経験をもつある女子は、男子にセックスの相手をさせられた経験を「今日○○君と遊びました」と日記に書いていました。

教師たちは、性に関する知識、マナーやルールを教えるだけでは到底問題の解決とならないと考え、子どもたちの自己肯定感、安心感を育むことを重視しました。そして、試行錯誤を経て、命、身体、性を学びながら自己肯定感、安心感を培うユニークな教材と実践が生まれました。

例えば、妊娠した教師が教室に来て、生まれ出る命への思いを語ることで、誰もが愛されて生まれたことを伝え、その授業である子どもがつぶやいた「ぼくもお腹に入ってみたいな」という声から、みんなが応援するなかで出産を疑似体験する教材「子宮体験袋」（子どもが入れる大きさの布でできた袋）が生まれました。「からだうた」は、温かいメロディーに、頭の先からつま先まで身体の部位の名前を連ねた歌詞をのせたもので、授業の始まりに教師が子どもと向き合って、優しくボディータッチしながら歌いました。子どもたちはこの歌が大好きでした。

このような「こころとからだの学習」と呼ばれていた性教育を学校の特色の一つと位置づけ、保護者はもちろん、地域の人たちにも積極的に授業公開しながら、意見を互いに出し合ってきました。東京都の研修会などで要請を受け、積極的に発表もし、介入の起こる前年度まで、養護学校校長会・教頭会主催、都教育委員会の研修会で依頼され、報告し、高い評価を得ていました。

二　都議たちの暴挙——事件の経緯

ところが、二〇〇三年七月二日の定例都議会一般質問において、土屋敬之都議（当時民主党）が、「最近の性教育は、口に出す、文字に書くことがはばかれるほど、内容が先鋭化している」と述べ、身体の部位の名称を歌いながら、身体の部位をさわり確認していく「からだうた」について、ワギナ、ペニスなど性器の名称が歌詞に含まれていることを非難しました。

この発言に対し、当時の石原慎太郎東京都知事は、「何か信念をもってそういう異常な指導をする先生というのは、どこかで大きな勘違いをしているんじゃないかと思うんです」と語り、当時の横山洋吉教育長は、「『からだうた』の内容は、人前で読むことがはばかられるもの。男女の性器の名称が児童の障害の程度や発達段階への配慮を欠いて使用されている極めて不適切な教材である」と述べ、各学校、市区町村教育委員会を強く指導するとし、教材廃棄、週案（週ごとの授業計画）提出を通じて、こうした不適切な教育が行われないよう、校長の権限と責任で教育課程の実施状況を把握させると答弁しました。

翌々日の七月四日、同じ考え方をもつ土屋議員を含む都議三名、市区議三名、東京都教育委員会職員九名、産經新聞記者一名が学校を訪れ、校長、副校長と面談ののち、一七名全員で性教育の教材が保管されていた保健室に入室しました。そこで、性教育用の人形などの教材を勝手に持ち出して並べ、携帯電話で写真や動画を撮影し、都議らは教師らに対し、「からだうた」や教材、教育内容について、非難を続けました。

さらに、資料ファイルを持ち出そうとしたため、教師がこのような捜査まがいのことをやる理由を質そうとしたところ、「おれたちは国税と同じだ。このわけのわからない二人は出て行ってもらっていいんだ」などと発言しました。

最後には、普段の授業で使うのとは違う性器のついた性教育用の人形を、下半身をむき出しにした状態で並べ、記者に写真を撮らせました。そして、「過激性教育を都議が視察」との見出しで、都議の非難を一方的に紹介した記事とともに翌日の『産經新聞』朝刊に掲載されました。

七月九日、都教委が三七名の指導主事を七生養護学校に派遣し、「不適切な性教育であるかを調査するため」、教師全員から事情聴取を行い、その後、ビデオ、人形等教材一四五点を都教委に提出させました。
七月十五日、都教委が「七生養護で教育内容、学級編制、教職員の服務の問題で不適正な実態があった」と発表しました。その後、都教委は、「都立盲・ろう・養護学校経営調査委員会」を設置し、すべての都立盲・ろう・養護学校の監査と、校長ら管理職の事情聴取を実施しました。
七月二十三日、前述の三都議は、七生養護学校から押収した教材を都教委から借り出し、都議会談話室で「不適切教材」として展示会を行い、翌日の『産經新聞』は、この展示会について、下半身を露出させて並べられた人形の写真とともに報道しました。

過激性教育　都議ら視察

「あまりに非常識」口々に非難

日野の養護学校

性器の部分が強調された男女の人形などを教材とした性教育の授業が都内の小中学校と養護学校十一校で行われていた問題で、都議会で指摘した都議らが四日、このうち日野市の都立七生養護学校（三苫由紀雄校長）を視察した。性器付き人形のほか、コンドーム装着用の男性器の模型など過激な教材がずらり。都議らは「常識では考えられない」「まるでアダルトショップのよう」と口々に非難した。

視察したのは都議の土屋たかゆき氏、田代ひろし氏、古賀俊昭氏と、地元市議ら計六人。

都教育庁幹部らが立ち会う中、学校側は保健室に保管していた教材のすべてを公開した。

性器付きの男女の人形が計十一体。うち一部の女性人形は子宮付きで、赤ちゃん人形が出入りできるような構造。海外からの輸入品を学校で購入したという。

コンドームの装着を教えるため、木製の男性器の模型も七つあった。

さらに、睾丸付きの男性器の中に管を通し、注射器とつなぐことで“射精機能”を備えた模型もあった。これは精通を教えるため、教員が自分で作ったという。

これらの教材は、教育庁から都議らに事前に伝えられた内容よりはるかに多かったという。

また同校では、小学部の児童らに男性器と女性器の名称が歌詞に盛り込まれた「からだの歌」も歌わせていたという。

これらの教材を使った性教育は平成九年ごろから始められ、今年三月で異動した前校長と一部の教員らが中心となって推進してきたという。

保護者からの苦情を受け、「からだの歌」については学校内で議論されたこともあったが、推進派の声が強く改善されなかったという。

三苫校長は「今後は児童生徒の発達段階に応じた指導に改善し、不適切な教材については使用せず処分する」としている。土屋都議は「なぜここまで常識とかけ離れた性教育を行う必要があるのか。校長だけでなく教育庁の指導で早急に改善されるべきだ」と話した。

性器付きの人形など過激な性教育教材を視察する都議ら（右）＝日野市程久保の都立七生養護学校

2003（平成15年）7月5日付『産經新聞』

七月二十九日、教育長決裁として「学校経営アドバイザー要綱」が策定され、八月よりアドバイザー第一号が教師たちを監視しました。
八月二十八日、定例教育委員会で、前述の「都立盲・ろう・養護学校経営調査委員会」報告書が発表され、盲・ろう・養護学校の約半数二八校に性教育や学級編制、教職員の服務の問題で不適切な実態があったとし、七生養護学校においては、学習指導要領・発達段階に違反した不適切な性教育が組織的に行われていたこと、学級編制の不正や服務規程違反の実態があることが報告されました。

九月一日、都教委から七生養護学校を含む全障害児学校に対し、授業内容について上からチェックできる週案作成、提出を求める通知が出されました。

九月四日、都教委の指導により、性教育全体計画が作成され、保護者に説明され、以前の年間指導計画は強制的に変更されました。

九月十一日、教育委員会の職員・校長も含めた都立盲学校・養護学校合わせて、学校管理職三七名、教師等六五名、教育庁関係者一四名が、報告書に基づいて大量に処分されました（教育委員会の関係者への不当処分もあって、二〇〇三年は石原都知事自身がいう「東京都の教育破壊」を行ったわけです）。うち「不適切な性教育」による「厳重注意」については、七生養護学校関係一八名、その他の学校三名、七生養護学校の金崎前校長（当時・板橋養護校長）については、学級編成の不正を理由として、停職一カ月、教諭への降任処分が言い渡されました。

翌年四月には、当時七生養護学校に所属し、原告となる教師一九名のうち、一四名が他校へ転勤させられました。

このように、七月二日の土屋都議の都議会での質問のあと、教師たちへのまるで取り調べのような調査が始まり、次々と一方的に学習指導要領・発達段階違反として「不適切教材、不適切な授業」の烙印が押され、性教育だけでは不十分と考え、服務違反も理由として教材が没収され、教師が大量異動させられました。その結果、従来のような授業ができなくなって、障害のある子どもたちの性教育を受ける権利を奪ってしまったのです（後で述べるように、一審・二審では、本件教育がすべて不適切ではないと認定されたので、ある意味では石原都教委は、虚偽の事実と不適切な一方的な判断をもって、障害のある子どもたちの発達と学習を保障しようとした教師の真剣な行為を妨げ、障害のある子どもたちの学ぶ権利、成長発達する権利を奪ったものといえます）。

三　教師たちの闘い

二〇〇四年一月、山田洋次、小山内美江子氏ら八一二五人の申立人が東京弁護士会に人権救済の申立をし、二〇〇五年一月、東京弁護士会は、都教委に対して、教材の返還、厳重注意処分の撤回、不当介入の禁止などの内容の「警告」を発しました。

しかし、都議も都教委も、調査に非協力的で、警告に対して耳を貸さず、再検討もせず、無視する態度を崩しませんでした。私はこの時、都教委の担当者に、どのような理由で、すなわち学習指導要領のどの部分に反し、どのような子どもたちの発達段階での学習権を奪ったかと問い詰めましたが、担当者はこれに答えられず、単に決定された文書だけを読み上げ、ただただ学習指導要領、発達段階に反しているとだけしかいえず、これらの教育が不適切であることを示すことができませんでした。

そのため、二〇〇五年五月、保護者二名を含む三一名が原告となり、裁判を提起したのです。三都議、東京都、東京都教育委員会、産經新聞社を相手に、被告らの行為は、憲法二十六条一項の「子どもの学習権」を、この学習権を保障しようとしている憲法二十三、二十六条の「教師の教育の自由」を、また、憲法十三条、民法八百二十条からくる「父母の教育の自由」を侵害し、さらに、旧教育基本法十条一項の「教育への不当支配の禁止違反」（教育基本法がその後改正されても、政府は国会の審議で従来の「不当な支配」という言葉の内容が続いていると答弁しているので、未だこの法理は生きている）を理由に、そして、被告らが憲法九十九条の憲法遵守条項に違反したことも考え、違憲・違法であるとし、原告らが精神的損害を負ったものとして、一人九九万円の損害賠償請求を求めて、東京地方裁判所に国家賠償請求の裁判を提起しました。

結果、二〇〇八年二月二十五日、被告都議、都教委に対して「違法」判決が出されたのです。

東京地裁から出された判決は、

① 七生養護学校視察に際しての三人の都議らによる養護教諭への非難などの行動は、政治的介入であり「不当な支配」にあたる。

② 都教委は、都議らの「不当な支配」から教員を保護する義務があるのに放置したことは保護義務違反にあたる。

③「こころとからだの学習」が、学習指導要領・発達段階を無視したとして都教委が教員を厳重注意したことは、児童生徒や保護者からの事情聴取もなく、専門家の見解も検討せず、学習指導要領にも違反しているとはいえず、裁量権の濫用にあたる。

として、原告のうち一二名に計二一〇万円の損害賠償を命じました。

『朝日新聞』は社説で「創意つぶす不当な支配」とのタイトルで、「きわめて妥当な判断である。教育に対する政治の介入への大きな警鐘といえる。都議らだけでなく、すべての政治家が教訓とすべきだ」と書き、『東京新聞』も「養護学校を訪れた都議が現場に立ち入って教育の自主性を侵した行為を猛省すべきだ。都教委は本来、政治的干渉から教育現場を守る役割がある。しかし、都議に同調し、教育の自主性をゆがめる行為に加担した。判決を重く受け止めねばならない」との社説を載せました。

四「こころとからだの学習」の形成と子どもの学習権、教師・父母の教育の自由について

教育施策として行われた一九六〇年代全国学力テストの合憲適法性を判断した教育憲法裁判のリーディングケース、一九七六年五月のいわゆる「旭川学力テスト判決」（以下「学テ判決」）で、最高裁判所は次のように判決理由を述べています。

憲法二十六条一項の規定の背後には、「自ら学習することのできない子どもは、その学習要求を充足するために、教育を自己に施すことを大人一般に対して要求する権利を有するとの観念が存在している」とし、また、「教師が公権力によって特定の意見のみを教授することを強制されないという意味において、また、子どもの教育が教師と子どもとの間の直接の人格的接触を通じ、その個性に応じて行わなければならないという本質的要請に照らし、教授の具体的内容及び方法につきある程度自由な裁量が認められなければならないという意味においては、一定の範囲における教授の自由が保障される」。

「こころとからだの学習」は、教育の現場で児童生徒の現実に直面した教師たちが、一人ひとりの子どもたちの現状と真摯に向き合い、共に歩みながら、子どもの学習権、さらにいえば、生き、成長発達する権利そのものを何とか充足させたいとの、教育者としての情熱のもとに形成、発展させてきた教育実践でした。

教師の人間活動を通じて、子どもを人間として育成していく営みである教育にあっては、教師も子どもも、人間の証である主体性、自主性を保有していなければなりません。命令に服している非主体的な教師に主体的人間を育てる真の教育を期待することはできないのです。「学テ判決」で「子どもの教育が、教師と子どもとの間の直接の人格的接触を通じ、子どもの個性に応じて弾力的に行われなければならず、そこに教師の自由な創意と工夫の余地が要請される」としているゆえんです。

また、人間の可能性の全面的開花をめざす意図的な営みとしての教育は、発達の法則性に即して合理的に組織され、はじめて可能になります。

「子どもの人間的『発達の法則性』は、教育学その他の児童科学によって一律的教育内容を指示するほどに一般的に究明されることは有りえず、また子ども一人びとりの能力の発達のしかたは当然きわめて多様な法則性を示すことになるから、『発達の法則性』をふまえた教育の専門性は、日常子どもたちの学習に接している教師の自主的な研究と判断によって真に確保・向上せしめられるものである。ここに他者が強制的に介入するときには、教育専門的な指導助言による助力とは異なり、当該子どもたちの能力発達のしかたに見合った教育になる保証がなくなってしまう」〔兼子仁著『教育法』（法律学全集）、有斐閣〕

七生養護学校の教師たちは、保護者に授業内容について事前に知らせ、意見を受け付け、事後に授業の様子を知らせ、保護者会で授業内容のビデオを見せ、意見や要望を聞き取るなど、保護者の理解、協力を得る努力をしていました。

だから、「視察」で攻撃を受けた後の保護者会では、「本件学習に対する否定的な報道が授業の実際を見ず、保護者の意見も聞かずに教材だけを見てなされたのではないか」という不満や、「本件学習が児童生徒等の発達段階を踏まえたものである」など、積極的に評価する意見が多数出されているのです。

「学テ判決」は、親の教育の自由について、「親は、子どもに対する自然的関係により、子どもの将来に対して最も深い関心をもち、かつ、配慮をすべき立場にある者として、子どもの教育に対する一定の支配権、すなわち子女の教育の自由を有すると認められる」と述べています。

そして、「もとより、政党政治の下で多数決原理によってなされる国政上の意思決定はさまざまな政治的要因によって左右されるものであるから、本来人間の内面的価値に関する文化的な営みとして党派的な政治的観念や利害によって支配されるべきでない教育にそのような政治的影響が深く入り込む危険があることを考えるときは、教育内容に対する右のごとき国家介入についいては、できるだけ抑制的であることが要請されるし、殊に個人の基本的自由を認め、その人格の独立を国政上尊重すべきものとしている憲法の下においては、子どもが自由かつ独立の人格として成長することを妨げるような国家的介入、例えば、誤った知識や一方的な観念を子どもに植えつけるような内容の教育を施すことを強制するようなことは、憲法二十六条、十三条の規定上からも許されない」としています。

都議会での質問などの中身から見れば、被告都議らの性教育の価値観は、まさしく戦前の純潔的性教育と道徳的教育によるもので、この「学テ判決」のいう、誤った知識や一方的な観念を子どもに植え付けるようなものでした。

この「学テ判決」からみても、被告三都議の前述の行為について、東京地裁が、政治的不当介入があったと判断し、損害賠償を命じたのは当然でした。

五　本件の性教育の妥当性について

第一審・東京地方裁判所の勝訴判決の前に、前述のように、東京弁護士会は二〇〇五年一月、都教委、都議らが行った行為は憲法の子どもの学習権、教師の教育の自由、父母の教育の自由を侵害し、旧教育基本法十条一項に違反するとして、教材の返還、厳重注意処分の撤回、不当介入の禁止などを求め、「警告」を出しました。その理由書で、性教育実践が教育的・法律的に正しいと判断しているので、その一部を紹介します。

今回七生養護学校で行われていた「こころとからだの学習」と称する性教育が（略）妥当なものと評価できるか、適切さを欠くものとされるかである。

この点、少なくとも学習指導要領の法的性格からして、「学習指導要領に記載がない」ということの一事を持って適切さを欠くということはできない。そして適切性判断のメルクマールとしては、学習指導要領外の事柄を教えること（目的）に合理性があったか、その教育目的のために当該具体的教材を使用すること（手段）に合理性があったかということが問題になる。

まず、教育目的として性器の名称を小学部1年から教えることの是非についてであるが、性器の名称を覚えることについては、その部分がからだの重要な部分であるとの意識を与えることが重要である。特に性犯罪の被害者または加害者になる危険を回避させなければならない知的障害児にとってはこの点は早期に対応し、植え付けなければならない知識であるとの教員の説明は首肯させるに十分なものがあり、この点では、小学部1年から「からだうた」を歌うことが一概に不適切と断定することはできない。

次に、教育手段としての「からだうた」の使用については、そもそもの使用動機は、性教育の時間を開始するにあたりその意識付けをするための区切りになる歌が必要との趣旨で作成されたものであるという。漫然と授業を受けるのではなく授業内容が意識の中に残るための工夫として、その動機は正当である。その歌詞の内容であるが、小学部1年から性器を触りその呼称を歌うことの合理性であるが、まずからだのほかの部位と続けて性器も触りながら歌うことは実際的具体的な教示法であり、（略）学習指導要領の記載に沿ったものであると評価でき、目的と手段は合理的関連性があるものといえる。

教材については、「子宮体験袋」「箱ペニス」「スージー&フレッド人形」などが問題視されているので、これらについて検討する。

この点につき、教育目的については「子宮体験袋」は、通常に比して被虐待児になることが多い知的障害児について、子どもの自己肯定感、生きることへの自信を養うために、自分がどのようにして生まれてきたか、出産のすばらしさを体感として教えることを目的とするものとの説明であり、その説明は合理的であり、その目的と手段としての道具の関連性も合理的である。教材については実際的具体的であることが望まれ、その点でも合理性が認められるほか、学習指導要領の記載にも沿ったものであるとも評価できる。

私は、以前江ノ島でいじめ自殺をしようとした中学生の女の子の事件を担当したとき、海に入って自殺しようとしたところ、自分を産んだときの母親の感動的な喜びの言葉を思い出し、死ぬのをとどまったという話を聞いたことがありました。

障害のあることで差別されている子どもたちにとっては、この「子宮体験袋」で自分が大切にされ生まれてきたという感動的な事実を改めて学習することによって、自己肯定感、生きる喜び、意欲を体感できるのであり、それはとても大切なことです。私自身、この教師たちの実践は、極めて感動的なものであると思いますし、都教委、都議らによるこれらの性教育を破壊しようとする行為には今でも怒りを覚えます。

理由書の紹介を続けます。

「箱ペニス」については、精通の指導用とのことである。精通は男子生徒にとっては重要な教育課題であり、教えないままというわけには行かないことは明白である。そして精通指導時に具体的に何を指導しているのかをわからせるという教材使用目的があり、その目的と手段としての関運性も合理的である。教員の説明によれば、このように具体的な道具を使わなければ、生徒の中には何について先生が話をしているのかまったく理解できない生徒もいるとのことである。そのような生徒に対し、具体的なビジュアルイメージをもって説明することは必要であり、上記学習指導要領の記載にも沿ったものであるとも評価でき、この教材についてもその使用が不適切であると即断することはできない。

「スージー＆フレッド人形」については、ほとんど使われたことはないが、赤ちゃんについて教えているときに、具体的に重さ、形などイメージでわからせ、生徒に実感させるために単なる赤ちゃん人形として使用したということである。少なくとも、写真（新聞報道）でとられたように下半身の性器部分を露出するなど性器を強調して使用することはありえないとのことであった。上記のような使用形態であればその教育の必要性、教育目的と使用教材の合理的関連性ともに認められると考えられ、（略）学習指導要領の記載にも沿ったものであるとも評価でき、これを不適切と即断することはできない。

弁護士会の調査に都議も都教委も協力しませんでしたが、考えてみれば、これらに反論できなかったからと思われます。

六　被告たちの政治的不当支配性

1　被告らの目的

このような七生養護学校の性教育を、なぜ一審被告ら三者は共同して、一連の連続した行為をもって、破壊しようとしたのでしょうか。

過激な性教育であるからこの教育をやめさせようという形をとっていますが、被告らの真の狙い、真の目的は、過激であるという口実で教育批判の形をとりながら、知的障害をもつ子どもたちの性教育を受ける権利を、また、これを保障しようとした教師・父母の教育の自由を侵害し、石原東京都教育委員会下の教育システムの管理強化、権力介入システムの確立強化、学校自治の破壊を行おうとするものです。これは違憲違法な行為であり、それは判決からもいえることです。

被告土屋都議の都議会での質問から、被告都教委がこれに呼応し、このような教育を止めさせるために、週案、教材の廃棄、指導主事の活用、校長のリーダーシップの強化、大量処分などを行ったのは、まさしく管理強化、権力介入、学校自治の破壊が真の目的だったからなのです。

これに対し判決は、本件性教育は、学習指導要領に違反せず、発達段階に反するものでないとしました。

被告らは、前述したように学習指導要領を逸脱している、発達段階に反していると、これを理由として権力介入を強化しています。

しかしながら、学習指導要領のどの部分にどのように違反しているのか、発達段階にどのように反しているのかを、被告らは当初から述べられず、原告代理人からの要求があって、ようやく書面で公の場で主張を明らかにしました。また、一審で都教委の代表として法廷に出たK参事作成の乙第号証を出してきました。しかし、これは裁判提起後に初めてつくり上げられたことが、証人Kの尋問からも明らかにされました。そして、これらは、一審判決でも述べているように、ことごとく理由のないことが明らかにされています。

本件の性教育実践は、一審判決でも認定しているように、都教委も後援した、二〇〇一年、二〇〇二年の校長・教頭会主催の研修でも評価されていました。

七生養護学校の性教育が過激で問題があったとすれば、なおのこと、都教委も都議も十分に調査し、専門的な意見も踏まえて、不適切であることを慎重に判断した上で、適正手続を踏まえて中止すべきであったのです。それなのに、原告らの授業を見たり、その授業がどんなものであったかを聞いたりするなどの調査もありませんでした。

以上のことから、過激な性教育であったからこれを停止させることが本来の目的ではなかったのは明らかです。

土屋都議が都議会での質問の中で、国旗掲揚・国歌斉唱の完全実施を本件性教育の破壊と共に質問し、都教委がこれに積極的に呼応していたことからも、そして、土屋都議の都議会での質問内容、すなわち週案、教材の廃棄、指導主事の活用、校長のリーダーシップの強化と、これの実現に向けた都教委の回答とその後の数々の行為を見れば、都教委のもとでの教師、父母、生徒への権力介入システムの強化、管理強化、学校自治破壊が、都教委にとっても本来の目的であったことは明白です。

2 今日につながる不当行為

土屋都議は、かつては被告東京都石原都知事の「教育改革を提言する東京教育再興会議」の代表委員でした。この教育再興会議は徳目の充実など「心の東京革命」を進める、石原都知事の教育政策を支援する都民組織として二〇〇〇年五月に発足しました。

この団体の運動方針の中に、「不適格教員の排除」、「ジェンダーフリー論を持ち込ませない」など、本件事件との関連性がうかがわれる極めて具体的な項目が挙げられています。これらは、この団体の意向通りに、石原都教委の施策として具体化され、本件事件でも適用・実現しようとし、そのため被告三都議が能動的に活動しています。被告都議らでつくる政治団体である「日本の家庭を守る地方議員の会」で主催した「七生養護学校で使用されていた不適切教材」と題した展示会を被告三都議が行ったのも、その一環です。

また、この会議の目的は、「ジェンダーフリーをぶっ飛ばせ」などの集会を開いていることからも明らかです。その後、教育再生会議と称し、自民党が進めようとしている憲法改正のなかで、家族の重要性を説いて、男女共同参画を否定し、性別役割分業と、戦前の軍国主義のなかでの女性は男性に従属するという思想的な流れを強調しようとしていることからも、この当時の動きは、現在につながっていると痛感する次第です。そして、教育再生会議の首長が教育長を任命し、議会が同意し、首長と教育長によって政治的に教育現場を支配管理していく流れの先取り実施として、今回の政治的不当支配の行為が行われたものと考えます。

結論だけいうなら、このように事態が急展開したのには、政権政党の中で強力な動きが広がっていたことが背景となっています。

二〇〇二年五月に自民党の山谷えり子議員が参議院文部科学委員会において、厚生労働省の下で二〇〇一年に作成された冊子『思春期のためのラブ&ボディーBOOK』を非難する質問をしました。

山谷議員は「ジェンダーフリー教育や、あるいは性や家族、多様性と自立ということをあまりにも前面に出して、年齢による発達段階、成熟度合いを無視したような、ある種の文化破壊であり、ある場合は生き方破壊」であり、「セックスが命をはぐくむ営みだという、重く神聖なものという視点が非常に欠けた書き方をしております」との主張を展開しました。

その後同様の角度から一部の週刊誌が取り上げ、また、高橋史朗、中川八洋、八木秀次などという保守論客がその系列の雑誌に論を繰り広げました。二〇〇五年には「過剰な性教育・ジェンダーフリー教育実態調査プロジェクトチーム」（座長・安倍晋三幹事長代理＝当時）を立ち上げ、同年六月、各地の「不適切事例」なるものを情報提供者不明のままに国会に提出したのです。これらの一部の人々が今、第二次安倍内閣の政権党の中で、重要な公職についています。

七　教育の本質を語った一審と被告らの政治的不当介入行為

性教育の点について判決は、「性教育は教授法に関する研究の歴史も浅く、創意工夫を重ねながら、実践例が蓄積されて教授法が発展していくという面があるのである。教育内容の適宜を短期間の内に判定するのは容易なことではない。いったん、性教育の実践がその内容が不適切であるとして否定され、これを担当した教員に対して制裁的取り扱いがされてしまえば、そのような取り扱いを受けた教員、その他の教員を萎縮させ、創意工夫による実践実例の開発を躊躇させ、性教育の円滑な遂行が阻害されることにもなりかねない」と述べ、「性教育内容の不適切さを理由に教員に制裁的取り扱いをする場合には、（教育条理に基づいた）配慮が求められること」を指摘しています。

性に関しては、これらの配慮が特に必要であり、性を理由・口実に管理強化や思想・良心・言論の自由などを侵害していく権力的介入などが起こりやすかったことは、数々の過去の歴史からもいえます。

性教育は、性に関する教材、性器を付けた教材、また、性交などの言葉から誤解を受けやすい性格をもっています。そのため、その目的、教材の使用方法および授業の中身をきちんと調査しなければ、また、障害のある子どもたちの性被害、性加害を防止する意味などの背景も見なければ、性器や性行為が示されることで、ポルノ、わいせつと決めつけられやすく、攻撃され、誤解を受けやすいものといえます。だからこそ、その目的・方法について、実態も含めてきちんと調査しなければならないのです。

今回のケースでは、性教育やその教材について、目的、使用方法、全体の事情を踏まえず、調査もしないで攻撃していて、単に性器、性交だけを取り出し、意図的に不適切、異常という文言をもって、また、スカートをまくるような写真、新聞記事・ビラなどでもって、本件性教育は過激であるとでっち上げるという極めて卑劣な方法をとり、これを口実として週案提出、教材の廃棄、指導主事の活用、大量処分を行ってきたことが証拠からもわかります。

戦前、性風俗が退廃してきたことをとらえて、庶民の生活や表現の自由を侵害していった経緯、戦後も子どもに関しては、青少年育成条例でポルノや子どもが見る図書などが子どもの発達にふさわしくないという理由で表現の自由を規制していく歴史の流れとも関連しているものと考えています。

そして、男は強く、女はこれに従うというイデオロギー的な動きのもと、このような事件が起きたのであり、この時、種々の政治的不当支配行為を行った人たちは、現在教育再生実行会議や政府への重要な職についていることからも、改めて、この事件は、極めて政治的で重要な事件であったと痛感する次第です。

八　一審判決の問題部分

一審判決が認定したように、創意工夫がなされ、現場を萎縮させてはならず、不当介入してはならないという教育の自主性が保障されることによって、子どもたちの学ぶ権利を保障しうるのです。このことは、「学テ判決」からもいえます。

「学テ判決」は、本来教育というものは、子どもの学ぶ権利を保障することであり、国や大人からの支配権能ではないこと、子どもの学習権保障のために、教師の教育の自由に関して一定の裁量が必要で、全国一律の必要かつ合理性のある場合のみ大綱的基準を設定しうるもので、このような場合でも、子どもたちに一定の価値観を押しつけるようなものは、また、政治的不当介入は許されないということを指摘しています。

この最高裁判決の基準からみても、一審判決は、被告都議については政治的不当支配であることを正しく指摘していますが、被告都教委こそが、石原都知事の下で、本件七生養護学校の性教育が過激であるとして、週案提出、教材の廃棄、指導主事の権力介入への強化などを狙っていたのです。それ以前から行っていた、人事考課制度、主幹制度、そしてこの事件のあとの、一〇・二三国旗国歌の完全実施通達、近時裁判になっている、職員会議の挙手採決禁止などの流れのなかで、つまり、憲法、教育基本法、「学テ判決」に違反した、違憲・違法な行為の流れの中で、被告らの行為が起きていると見なければならないのです。

この権力介入システムの強化こそが、被告都議のみならず、都教委自身の本来の目的だったのです。

そして、一審判決は、都教委については、「学テ判決」の全国一律の合理的必要な理由がある場合の大綱的基準に関する裁量は、地方自治体は国よりは広いことを述べ、本件について、年間指導計画などを、都教委が強制的に変えたりした部分を許されるとしました。一審判決の一部には、大きな問題があったのです。

九　より前進した高裁判決

東京地裁判決は、二〇〇九年三月十二日に言い渡されました。判決内容は前述の通りです。この判決には双方控訴し、私たちは、一審で勝訴した部分を守りながら、一審原告敗訴部分を超えるべく、新たな控訴審での理論構成を再構築しました。

まず一連の前述の事実過程を丁寧に描き出しました。その結果、誰がどのような損害を被ったか、そして被告らの共同行為が、教育外目的であったこと、特に政治的不当支配を目的としていることを浮き彫りにしていきました。

具体的には、週案提出、年間指導計画の変更、教材廃棄など、障害のある子の性教育を受ける権利を保障するための教師の教育の自由、父母の教育の自由の侵害に向けた政治目的が被告都教委にもあり、政治的不当支配であったことを浮かび上がらせ、教育内容への介入度合い、あるいは子どもへの影響度合いなどを丁寧に事実と法理論で展開していったのです。

証人調べとして、被告古賀俊昭都議と都教委・半澤嘉博被告を調べました。古賀都議については私も反対尋問を担当し、「あなた方は性教育あるいは障害児教育について専門家に相談したことがありますか」と質問したが、「ない」と答え、そして「あなたたち自身はその専門家ですか」という質問に対しても、「専門家ではない」と答え、いかに都議らが、一方的な政治思想・観念をもって、本件性教育を弾圧していったかが法廷で明らかとなっていきました。

そして、東京高等裁判所は二〇一一年九月十六日、各控訴を棄却するとし、地裁判決を維持しましたが、この高裁判決は、以下に述べるように多くの前進内容があったのです。

十　高裁判決の到達点

1　学習指導要領の法規制の限界と教師の広い教育裁量を認定

高裁判決は、「学テ判決」を再確認したうえ、教育委員会の権限行使について、「教員の創意工夫の余地を奪うような細目にまでわたる指示命令等を行うことまでは許されない」との制限を確認しました。

また、学習指導要領の法規性・基準性と教師の教育裁量について、「学習指導要領に記述されている内容は、膨大であり、記述の仕方にも様々なものがあるところ、その一言一句が拘束力すなわち法規としての効力を有するということは困難で、法規としての効力を有するというためには、その性質上当然に、基準として遵守を命じる内容が、客観的に確定され得るものであることが要請される（中略）。したがって、学習指導要領の記述のうち、理念や方向性のみが示されているると見られる部分、抽象的ないし多義的で様々な異なる解釈や多様な実践がいずれも成り立ちうるような部分、指導の例を挙げるにとどまる部分等は、法規たり得ないか、具体的にどのような内容又は方法の教育とするかについて、その大枠を逸脱しない限り、教育を実践する者の広い裁量に委ねられて」いる旨述べ、「学習指導要領に違反したと断ずるためには、そのような広い裁量の範囲をも逸脱していることが認められなければならない」としました。その上で都教委の「明白な学習指導要領違反」は誤りとしました。

2　性教育、障害児教育の「発達段階」論について

高裁判決は、「性教育、とりわけ知的障害を有する児童・生徒に対するそれは、本件における当事者の主張や提出された膨大な証拠に鑑みても、（このように）意見が分かれるものの典型例であると考えられ、どのような内容、方法の教育をどの時期にし、あるいはしないのが適切であり、児童・生徒の能力や発展段階にふさわしいかについては、様々な異なる意見が存在し、あるものが正しく他のものが誤りであると断定することが極めて難しい問題であると考えられる」と、

「性教育、とりわけ知的障害児の性教育」の教育内容、方法等の多様性について論じました。

その上で高裁判決は、多数の証拠の検討を踏まえて、「学習指導要領における性に関する定めは、部分的ないし断片的かつ非体系的であり、学習指導要領が『性教育』に関してどこまでのことを定めているのかいないのかということの理解に関しても、様々なニュアンスの違いがあり、そのこと自体が多義的であるということができる」と結論づけました。そして、「いずれも学習指導要領に準拠すると考えられた都教委作成に係る『性教育の手引』が、本件視察の前後で大きく変更され（改訂というよりは、新規に作成されたというほうがよいほどの大きな変更です）たこと等が、「図らずも学習指導要領の多様な解釈が可能であることを示している」とまで付言しました。

そして、知的障害のある児童・生徒は、肉体的には健常な児童・生徒と変わらないのに、理解力、判断力、想像力、表現力、適応力等が十分備わっていないがゆえに、また、性の被害者あるいは加害者になりやすいことから、むしろ、より早期に、より平易に、より具体的（視覚的）に、より明瞭に、より端的に、より誇張して、繰り返し教えるということが「発達段階に応じた」教育であるという考え方も、十分に成り立ち得るとしました。

したがって、都教委の「発達段階に反する」という論理も誤りとしたのです。そして、被告らの「学習指導要領に反する」「発達段階に反する」といった主張がいかに事実と違っていて、行ったことも違法であったことが明らかにされました。

また、判決にはうたっていませんが、被告らの本来の目的が、一見性教育批判の形式をとっていますが、実は他の政治目的、すなわち教師の教育の自由を制限し、管理し、週案提出、教材の廃棄、年間指導計画の変更など、教育現場の監視と管理をしやすくするものであること、その年の日の丸・君が代強制の一〇・二三通達を前にして、権力統制管理の強化を図ろうとしたものであることが明確にされました。最高裁においては、この点について上告理由としても展開しています。

3「こころとからだの学習」の共感を

高裁判決は、

「本件性教育は、本件養護学校において、平成九年七月に起きた生徒同士の性的交渉をはじめとする性に関する問題行動が多発したことから、知的障害をもつ児童・生徒にふさわしい性教育として、校内性教育連絡会（後に性教育検討委員会）を設けて、全校的な取り組みを行い、校長を含む教員全体で、七生福祉園や保護者とも意見交換をしつつ、試行錯誤しながら創意工夫し実践されてきたものである。

このように、個々の教員が個人の考えに基づいて独自に行うのではなく、学校全体として、校長を含む教員全員が共通の理解の下に、生徒の実情を踏まえて、保護者等とも連携しながら、指導内容を検討して、組織的、計画的に性教育に取り組むことは、『学校における性教育の考え方、進め方』、『性教育の手引』等が奨励するところであり、これに適合した望ましい取り組み方であったということができる。

その内容においても、本件性教育が、一審被告都教委の『心身障害児理解推進研修事業』として東京都知的障害養護学校校長会及び同教頭会が主催する専門研修において、他校の校長を含む教員らに紹介されたにもかかわらず、特段の問題点の指摘もなかった（むしろ、終了後の校長会において、参考になったなどという感想が出された）という事実も、これが本件学習指導要領に違反しないと考えている教育関係者が多数いたことを示している。

知的障害を有する児童・生徒に対する性教育として、何が優れているのかは、教育に関する専門的知識を踏まえた議論によって決すべきことであり、この裁判においては、学習指導要領に違反する違法なものであるかどうかという限度で判断すべきものであるが、以上によれば、本件性教育が本件学習指導要領に違反すると断ずることはできないものというほかない」

と断言したのです。

4　高裁判決の限界

ただ、高裁判決にも限界がありました。特に性教育の分野について、学習指導要領の緩やかな基準性を指摘し、「こころとからだの学習」が、国や都の性教育指導方針にも合致していたことを認定しながら、都教委の「指導・助言」を超えた、被告都議らと一緒になった政治的不当支配介入について、違法性を認めていませんでした。

また、七生養護学校で実際に行われたものが「指導・助言」などではなく、「学習指導要領違反」、「発達段階違反」を錦の御旗にした「強制」、「命令」であり、本件介入が「学習指導要領違反」、「発達段階違反」という、ある意味ではでっち上げ的評価によるものであって、この二つが、事実としても、評価としても全く違っていたことが認定されましたが、これは本来なら政治的不当支配となるにもかかわらず、その判断をしませんでした。

そして、その結果、本件性教育ができなくなったことの子どもたちへの影響、また他の東京都内の教師、父母への影響、子どもの学習権を保障しようとした教師の教育の自由、父母の教育の自由まで広げた認定をしようとしなかったのです。そのため、被告都議、都教委の、一審で認定された保健室での政治的不当支配、保護義務違反、厳重注意処分以外を免責してしまったのです。

このように、高裁判決が私たちのその他の請求を認めなかったこと、都教委の教育内容への介入の余地を認めたことを不服として、二〇一一年十二月、私たちは最高裁に上告理由書および上告受理申立理由書を提出し、さらに、憲法学者・教育法学者の意見書も提出し、都教委・都議らの行為が憲法二十六条や一九七六年の「学テ判決」に違反することを明らかにしていきました。

ちなみに、別件の元校長の金崎裁判でも、降格処分について裁量逸脱として勝訴し確定しています。

十一　最高裁の判断と私たちの声明文

二〇一三年十一月二十八日、最高裁判所第一小法廷（金築誠志裁判長、櫻井龍子裁判官、横田尤孝裁判官、白木勇裁判官、山浦善樹裁判官）は、都立七生養護学校で行われていた性教育（「こころとからだの学習」）に都教委・都議ら・産経新聞社が介入した事件に関し、教師・保護者の上告、上告受理申立、東京都の上告受理申立、都議らの上告、上告受理申立をいずれも、棄却するとの決定をしました。これで、二〇一一年九月十六日に言い渡された東京高等裁判所の判決が確定しました。被告の行為への違法判断の不徹底さを残しましたが、三度勝訴判決です。

原告団・弁護団・全国支援団の連絡会では、この最高裁決定を受けて次の声明文を出しました。

最高裁判所は、憲法判断を避け、旭川学テ判決の本件への適用を避けた点では遺憾と言わざるを得ないが、確定した高裁判決は、都議・都教委の「過激性教育」判断の根拠の誤りであることを明示し、「こころとからだの学習」を「望ましい取り組み方であった」と評価し、教育現場の自主性を広く認める画期的な判決であった。

高裁判決は、学習指導要領について、「一言一句が拘束力すなわち法規としての効力を有するとすることは困難」として「教育を実践する者の広い裁量」を強調した。知的障害養護学校の学習指導要領についても、「各学校の児童・生徒の状態や経験に応じた教育現場の創意工夫に委ねる度合いが大きいと解することができる」と述べた。また、教育委員会の権限について「教員の創意工夫の余地を奪うような細目にまでわたる指示命令等を行うことまでは許されない」とも述べた。そして、「こころとからだの学習」について具体的に教育内容を検討したうえ、「本件性教育は学習指導要領に違反しているとはいえない」と明確に述べた。

本件事件以後、事件の萎縮効果によって学校で性教育に取り組めない状況が広がっている。また、都教委は本件事件以後、教育現場への介入・管理を強める施策を行ってきた。しかし、子どもたちに必要な性教育は行われるべきであるし、子どもの学習権に応えるためには教育現場の自主性が確保されなければならない。

私たちは、都教委・都議らに対し、教育現場の自主性を尊重する司法の判断に従い、事件後に改訂された「性教育の手引」の、七生養護学校の実践を不適切な例とした記載を改めるとともに、持ち去った教材は不適切ではなかったのであるから教育現場に戻すべきである。今後このような教育現場への不当介入防止策の検討など、行政と議会の責任を果たすべきである。

また産経新聞による「不適切な教育」との判断に基づいた、七生養護学校関係者を傷つけ、その教育を破壊に導く報道は裁かれなかったものの、それが事実上誤報であったことが明らかとなった。

この最高裁判決は、国や地方自治体による教育現場への不当介入が強められようとしている現在、教育の自主性を守り、教育の本質を明らかにする上で、また子どもの権利としての教育を確立する上で重要な意義を持つものである。

これまでの、全国連会員はじめ、全国のみなさまの長きにわたるご支援に感謝するとともに、判決への理解を広め、障害児教育、性教育をはじめ日本の教育の発展と、教育行政の改革のために努力を続けたい。

また、私が共同代表を務める「軍隊をすてたコスタリカに学び平和をつくる会」の機関誌に、「教育の自由を取り戻す」との題名で、私は次のような原稿を書きました。

この七生の事件が起きた2003年は、このあと、日の丸・君が代の10・23通達なども あり、数々の教育の自由への攻撃が石原都教委の下で行われ、管理・権力統制と評価と競争が教育現場を覆い、今、子どもも教師も疲弊し、自由が失われ、子どもたちの成長発達に大きな影響を与え、いじめなども解決できずにいます。

当時、安倍首相も性教育についてのチームの責任者で、これらの攻撃をした人たちが、今、第二次安倍政権や教育再生実行会議などに入って活動しています。石原都知事の破壊的教育は大阪に引き継がれ、首長橋下の破壊的教育が行われ、これを第二次安倍内閣では、首長が選出する教育長が教育委員会を解体して、教育長の諮問機関化させたり、学習指導要領を詳細法的拘束化し、教育基本法改悪の中で不当支配は残したりしても、法律による支配を入れ、教育現場への権力介入統制化が進んでいます。このように東京都から全国に発信され、その流れの中で、第二次世界大戦でアジアの人々が多く死んだ侵略・植民地戦争への配慮の近隣諸国条項を見直し、愛国心などの道徳教育教科化・国定教科化など、平和憲法改悪に向けて教育の国家主義新自由主義化が進んできています。私は、作家壺井栄の『二十四の瞳』を高峰秀子が教師をやった時の映画に感動し涙して20回以上観ており、この場面の中で、つづりかた生活を描いた確か『草の実』という本が「赤」であるとして大石先生と親しい関係にある校長からたしなめられ、この教材をストーブで燃やされた場面が、七生の教材没収の場面として目に浮かび、これをCSテレビ朝日で七生について放映された時、最後に、話そうと思っていましたが、時間がなくて話せなかったのを今でも悔やんでいます。『二十四の瞳』についてそのあと歴史はどうなっていったのか、皆さんもご存知で、まさしく軍国主義教育は、教育の自由を奪い戦争へとまっしぐらに進んでいった場面は今でも目に焼きついています。

戦後アメリカの教育視察団の影響もあったと思いますが、教育は、この戦前の教訓から、その自由な教育を、自由に子どもたちが生き生きとする為にも、教育行政は条件整備を国民に直接責任を追っており、戦前と同じような政治的不当介入は許されないことを、戦争直後に訴えた憲法・旧教育基本法の大切さを私たちはこの裁判を通し、つくづく感じています。

私は、この事件の三回にわたる勝訴判決をもとに、教育現場の教育の自由を取り戻すため、教育現場でのこの判決の実現を求め、この判決を希望の星として、原告団・弁護団・支援団とともに、今こそ、その正念場として頑張ろうとしています。

第五章　体罰・虐待

一　減らない障害者虐待

国連の障害者権利条約は、十五条に「いかなるものも、拷問または残虐な、非人道的なもしくは品位を傷つける取り扱いもしくは刑罰を受けない」、十六条に「締約国は家庭の内外におけるあらゆる形態の搾取・暴力および虐待（性別に基づくものを含む）から障害者を保護するための全ての適当な立法上・行政上・社会上・教育上その他の措置をとる」と、わざわざ障害者に対する虐待は許されないことをうたっています。

この後で述べるS学園障害児体罰事件を契機として、一九九三年、障害問題人権弁護団ができ、それ以降数々の障害児体罰・虐待事件裁判を扱い、今も扱っています。また、後述する障害児・者、女性に対する性的虐待事件の裁判も扱ってきました。二〇一一年、ようやく国会で障害者虐待防止法が成立し、翌年の十月に施行されましたが、今もなかなか表に出ず、なかなか減らない事件です。しかも、この法律は、学校、保育所等、医療機関、官公庁等を適用除外としているという問題点もあります。

二〇一二年十一月十八日の『東京新聞』社説では、

「多くの障害者が虐げられている現実に言葉を失う。障害者虐待防止法の施行一年の節目に、厚生労働省がまとめた全国の実態は衝撃的だ。密室での被害をどう食い止めるのか。社会全体で考えたい。子どもや高齢者の虐待、夫婦間の暴力（ＤＶ）を防ぐ法律と並び、障害者の人権や尊厳の擁護に焦点を当てた法律だ。家庭や福祉施設、職場での異変に気づいた人は自治体に通報する義務がある。厚労省は昨年十月から今年三月までの実態を明らかにした。相談や通報は四千五百件を超え、被害者は約千七百人に達した。容易ならない事態だ。虐待には身体への暴力や性的な接触、言葉や態度での侮辱、介助の放棄といった五類型がある。年金や賃金の横取りも対象だ。家庭や施設での被害者の約五割、職場では約七割を知的障害者が占めた。虐待の認識が薄かったり、意思表示が難しかったりするからだ。『しつけ』や『指導』との違いの見極めが大きな課題だ。表面化するのは氷山の一角とみる専門家は多い。救済力の底上げは喫緊を要する」

と述べています。

私たち、障害のある人々の人権を担当する弁護士が、今も相談を受け、裁判を多くやっている事件です。その私自身の出発となったS学園障害児体罰事件をまず紹介します。

二　S学園障害児体罰事件

1　保母の体罰

Mちゃんは一九九〇年四月、東京都にあるS学園に入園し、四カ月が過ぎた頃から、おびえるように頭の上に手をかざすようになりました。翌年三月、母親が学園に行ったとき、K保母がMちゃんに往復ビンタをしているのを目撃したので、母親はK保母に注意をしましたが、「信念でやっていることだから、いやならやめてほしい」といわれました。その後も、ほかの園児が、叩かれ、あるいはおびえて手をかざしているのを見ました。

母親は保母に「娘の精神状態が悪いときは自分でコントロールできないのだから、パニックがおさまるまで強制せずに見守ってほしい」と頼んでも、「やらせるときはやらせなければダメなんだから」というだけでした。「Mはなめてんだから、バシッと叱ればいい」という保母に、母親は「なめてるとかいいますが、障害からきているのだから、先生のいうことは違うのではないですか」と反論しても聞き入れてくれず、体罰的・強制的対応が続いたのです。Mちゃんの背中や下腹部にアザがあったり、鼻孔に血の塊のあることもありました。

個別面談のときも母親は保母に、「いうことを聞かないときや、パニックになったときに正座を一時間もさせるのはおかしい。手をあげたりするのはやめてほしい」といいましたが、「信念でやっている。お母さんに何をいってもわからないから、五年先を見て評価してほしい」というだけでした。

そして十月四日、運動会の準備のため母親が園に行くと、K保母が側を通るたびにMちゃんがキーキー声を出して逃げ回るのでした。母親の目の前で、K保母はMちゃんを強引に椅子に座らせ、足を力一杯三回叩き、泣き出すMちゃんの顔面を殴り、鼻から血が出てTシャツは血だらけになってしまいました。K保母はなおもMちゃんの顔を殴ろうとするので、T保母が「お母さん行って止めさせて下さい」と叫び、母親はすぐにK保母を阻止し、パニック状態のMちゃんを連れて帰ろうとしました。するとK保母と親しいM保母が、「このまま話もしないで帰るのは、お互いに気分が悪いでしょ」、「障害児や障害者は叩いて指導しないと、やっていられない」などといい、K保母は「指導は否定から入っていく」というようなことをいうので、母親は、「それは違う。子どもの心を受け入れることから指導は始まるのだと思う。責任はきっととってもらう」といって帰りました。

母親の怒りにビックリしたのか、学園のおたより帳に、はじめて謝罪文らしきものが書かれてありましたが、直接謝罪に来ることはなく、Mちゃんは学園に通うことができなくなりました。

その後、学園を監督する市の厚生課の係長と、この施設を運営している社会福祉協議会（以下、社協）の所長が母親宅へやってきて、「先生にお世話になっているのだから、この程度のことで騒がなくてもいいんじゃないか」といい残して帰っていきました。さらに、この日の夕方五時頃にK保母がはじめて訪れて、形ばかりの謝罪をし、「私にも意地があった」といって帰りました。

その後、市の厚生課も社協の所長も責任感がまったく感じられない態度で、母親はやむなく「子どもの人権110番」の人権救済センターに相談し、私たちの交渉活動が始まりました。

市や施設側は指導に誤りがあったことは認めましたが、これを体罰とは認めようとしませんでした。社協の職員は「体罰することだって許される」といい、社協の所長などにも、責任の重大性、人権意識はありませんでした。

市の課長も、「障害児は身体で覚えさせることも必要」と、K保母の行為を容認し、市の代理人弁護士も、一般の事件の感覚で裁判などの責任追及を恐れてか、叩いて鼻血などを出させている事実が明らかになっているにもかかわらず、体罰でないと否定し、K保母をかばうだけでした。その結果、裁判となったのです。

2 裁判

一九九六年、第一審の裁判所は、運動会の練習時の体罰を認めましたが、それ以外にも頻繁に繰り返されていた日常的な体罰は一切認めず、しかもわずか三万円の慰謝料支払いという判決でした。これはあまりに差別的判決だということで控訴しました。

控訴審では事実関係（運動会練習時の体罰、日常的体罰、強制的指導）とともに、障害児および親の個人情報（プライバシー）の問題が重要な争点となりました。

障害児の親は、施設などに入るために（福祉サービスを利用するために）子どもの、あるいは家庭の個人情報（プライバシー）を開示提供するのですが、それは障害児・者の成長発達のためにするわけです。ところが、親が施設などの体罰や人権侵害に対して異議を申し立てたとたん、施設側は逆に障害をもつ子やその親の、人に知られたくない個人情報を、虚偽の事実を織りまぜながら、攻撃中傷の材料として使うのです。こうしたケースは他でも多く見られる構図です。

しかも、体罰保母を「熱心ないい保母だ」とし、体罰を訴えた父母の方が「おかしい」、「問題のある親だ」と、村八分的孤立化を目論んだストーリーづくりが行われるのです。そのため、訴えた障害児とその父母は、体罰のうえにプライバシー侵害という二重の人権侵害を受けることとなります。この事件でもまったく同様の事態となりました。

このプライバシー侵害行為に対して、二審の裁判所は違法と断じました。

裁判所の判断は、「一般に、このような障害児教育に関連する情報には、事柄の性質上、他人に知られたくない私生活上の事実が多く含まれることにかんがみると、当該情報を提供した障害児側は、その教育担当者を信頼し、あえて通常であれば他人に開示しない事柄を開示し、かつ、当該情報の適切な維持、管理を期待しているから、これに対して、教育担当者側にもみだりに当該情報を漏らしてはならない注意義務があるというべきであり、本件の場合もその例外ではない。そうすると、被控訴人K保母の右の行為は、このような信頼関係を破壊し、期待を裏切るものであり、社会通念上許される反論の域を超えたものであって、自己の正当な利益を擁護するためにされた行為であるということも、違法性がないということもできない」というものでした。福祉や障害児教育の分野で、障害をもつ子やその親の個人情報の保護管理とコントロール権を認めた初めての判決でした。

控訴審では、運動会練習時の体罰の件、日常性の体罰の件、プライバシー侵害の件、この三つの争点に対して、運動会練習時の体罰とプライバシー侵害の件の二つが認められました。

運動会練習時の体罰の件は、相手方は、たまたま手が当たっただけだと主張していました。障害児者に対する体罰・虐待事件では、法廷では施設関係者が嘘の証言をし、逆に障害児・者の側は供述能力が問われ、なかなか立証しにくいものです。施設が「密室」といわれるゆえんです。そういうなかで被告K保母自らが「意識的に強打」と記載した事故報告書を、私たちが裁判所を通して証拠保全の手続きをとって「発見」し、隠滅行為を免れたため、どうにか一審でも二審でも勝てたわけです。

このように体罰事故があったという報告書があっても、裁判所は、関係者の虚偽の証言・供述で職員、行政、園・施設側に偏りやすく、一時は全面敗訴ということも予想されうる事態に追い込まれました。しかし、二審も運動会の練習時の体罰の事実を認定し、相手方の付帯控訴は棄却されました。

翻って考えると、本件で、もし証拠保全で事故報告書という証拠を確保することができなかったなら全面敗訴になったとも思われ、障害児・者の虐待・体罰事件ではなかなか勝てない（被害を立証できない）ことに対する一つの教訓を残しました。

二審判決に対して、上告（上告受理申立て）をするかどうかについては、弁護団としては慎重な考えが多くありました。しかし、当事者の強い意志もあり、議論をするうちに、二審判決について、暴力が偶発的なものではなかったこと、日常的なものであったことについて、事実認定が正されず、一審判決が維持されたことは不本意ということになりました。知的障害者施設における暴力は、いわば「当たり前」であることからすると、常識からかけ離れた裁判所の判断です。

上告受理申立てをするならば、この点をとらえて「経験則違背」（経験に反した事実認定）という主張ができるのではないか。また、あまりに低い慰謝料額は障害児に対する差別（憲法十四条違反）ではないか。この際、知的障害児の教育論にまで踏み込み、知的障害者の人権を踏みにじる教育（実践）論が背景にあること（そしてこれが障害児差別であること）、また、知的障害児者の施設における暴力が決して珍しくないことを改めて主張すべきではないか。障害児・者の裁判の現状には、障害があるゆえに裁判を起こす困難さと差別がある。従って、弱い立場にある障害児・者にこそ裁判を受ける権利を保障しなければならない——という議論が出て、上告（及び上告受理申立て）をしたのです。

しかし、これは、一九九九年六月に棄却され、裁判は終結しました。

この事件を一つの契機として、障害問題人権弁護団ができ、水戸、滋賀、白河、名古屋、大分盲学校事件など、種々の体罰虐待事件が相次いで表に出ることになりました。本件提訴のときと比べると、障害児・者の人権に対する社会的な関心も広がり、この事件は、その後の障害児・者の人権の闘い、運動への大きな教訓と成果を残しました。

3　差別の存在

この体罰裁判を通じて、障害児の人権に対する現在の裁判所や警察、検察庁の見方、とらえ方、考え方の歴史的限界性が見えてきました。

本人はものをいえないので立証が困難です。この事件の判決の直前に、同じようなケースの東久留米の女子中学生に対する体罰裁判の判決がありましたが、このケースは、教師側に五〇万円の慰謝料を命じました。この女子中学生は、法廷ではっきりと教師の体罰の供述をしたそうです。一方、Mちゃんのケースでは、ものをいえない五歳の女の子が、体罰保母から逃げ回ることでしか体罰に対する抗議ができなかったにもかかわらず、裁判官はこの意味をとらえようとせず、叩かれていた苦しみ、悩みを見ようともしませんでした。後述する「障害児・者の供述の信用性」で触れる名古屋のB君の養護学校体罰事件では、障害児・者本人の供述が認められるか否かが争われました。一審は障害児・者の供述の矛盾は障害があることからくるもので、信用性ありとしましたが、二審は障害のある子の矛盾ある供述を信用性がないものとして、障害をもつ人にとってつらい判決が出たのです。

また、親は子どもが人質になっているからという理由ばかりでなく、施設や職員に楯突けば、福祉の選択の狭い貧困な日本ではどこへも行くところがなくなる、ということからもなかなか異議をいえません。日本では、福祉を「権利としての福祉」というとらえ方ではなく、お上から「与えられた福祉」ととらえる法システム、制度になっているので、「あんな大変な子を面倒みてもらっているのに、文句をいうなんてひどい親」という構造があり、なかなか異議を唱えることができないのです。

Mちゃんの事件でも、母親が保母の体罰に文句をいったら、「それなら施設をやめたら」といわれたり、「こんなことくらいで文句をいうなんて」、「大変な子を預かってもらってお世話になっているくせに」などと、行政からも、体罰保母を支えている父母、職員からも、逆に反撃を受けたのです。

そのため、このお母さんは日常的な体罰について文句をいうのも我慢せざるを得なくなっていったのですが、いざ裁判になると、この異議をいわなかった／いえなかったことが、体罰なしと判断されてしまっているのです。体罰があれば、体罰だと文句をいうはずという、障害児教育の現場の実態からかけ離れた判断が出てしまうのです。

後述の名古屋の体罰のケースでも、体罰を受けた本人がすぐいわなかったこと、親もすぐ気づかなかったことをもって、また親が障害をもつ子から体罰の訴えを聞いても、すぐ職員に訴えなかったことをもって、体罰がなかったと認定してしまうという、障害児や親の体罰異議をいえない現実を裁判官が見ることのできない構造から、障害児・者にとって、あまりにも不利益な差別的な判決が出ています。

このような体罰職員擁護の裁判では、体罰救済裁判を起こしても救済されず、結局、体罰職員を擁護して体罰に対する批判ができなくなり、批判のないところでますます職員たちの人権意識が後退・腐敗していくことになり、裁判所はこれに加担していくことになっているのです。

障害児・者の学校施設は市民に閉ざされており、このような障害児・者の被害の訴えを聞こうとしない構造のなかでますます密室になっていき、体罰、虐待、人権侵害が日常的、総合的、構造的になっています。

また、体罰職員が障害児・者に体罰、虐待を加えても、職員本人が「熱心さから起こしてしまった」と自分を擁護しようとするのみならず、まわりも、福祉・教育という美名の下で、「熱心な先生だから」とすぐ擁護してしまいます。叩かれて傷ついた障害をもっている子よりも、暴力をした職員を熱心であるからと免責してしまうのです。「大変な子を預かっているのだから」、「こんなに障害を克服しようと熱心だったのだから、少しくらいいいのではないか」、「文句をいうなんて職員の大変さをわかろうとしていない」と、逆に非難されてしまうのです。

Mちゃんのケースでは、裁判の傍聴者はいつも体罰保母を擁護する人たちでいっぱいです。異議を申し出た母親、障害児・者当事者は、逆に学校、施設、地域で非難され孤立させられているのです。名古屋の体罰のケースでも、体罰の異議を申し出てからは、運動会などでいじめられたり、嫌がらせをされたり、親も異端視されたりしました。

このように、体罰職員が熱心であるからと擁護され、密室の中で多くの体罰のケースがなかなか表に出てこない、出にくくなっているのです。

それだけでなく、この構造がそのまま裁判に持ち込まれ、体罰の立証を困難にさせています。熱心な職員を訴えた障害児・者やその親が、協調性のない人間として、また、お世話になっているのに感謝の気持ちをもたない人間として、人格を非難・断罪される構造が、これらの裁判から見えてきます。だからこそ、障害児・者に対する人権侵害事件は隠され続け、表に出てこなかったし、今でもなかなか表に出にくく、非人間的状況と我慢を強いられているのです。

その上、裁判に勝ったとしても、後述しますが、賠償金額は健常児・者と比べて著しく低い金額しか認められません。社会における障害児・者の低い賃金の差別構造がそのままに反映されて、裁判での賠償金額も低い金額となっているのです。この一審判決では、賠償金はわずか三万円です。後述の横浜プール事故の一審判決では、賠償金は健常者の四十分の一にしかならず、共同作業所の年間の賃料と同じ七万円でした。大分盲学校体罰事件では、強弱視者はもともと目が見えないから、眼球を失っても逸失利益（本来得られるべきにもかかわらず、不法行為や不履行で得られなかった利益）はないと行政側が主張しています。

警察の取り調べではなかなか障害児・者の供述が信用されず、虐待の加害者が不起訴等になるケースが多く、知的障害のある女性に対する性的虐待事件になると、障害の差別に女性への差別が加わり、抵抗しなかったこと／できなかったことを理由として、被害がなかったことに、同意があったことにされてしまいがちです。

このように、障害児・者の体罰・虐待裁判や事件には、大きな差別が存在しているのです。

4　様々な声

この裁判を契機に、多くのところで行われている体罰、虐待から障害児・者を救済するために、障害児・者人権ネットワーク、障害問題人権弁護団をつくろうとしたことについて、朝日新聞に記事が載りました。その反響は大きく、私の事務所には、電話、ＦＡＸ、手紙が寄せられ、一週間ほどパニック状態になって、他の仕事がほとんど滞ってしまったほどです。

その時の電話、ＦＡＸ、手紙の一部を紹介します。

やさしいだけに、今、とても悩んでいて……その中の男の先生が、「自閉を……」という本の信念のもとに、子どもをなぐっているようなのです。……昨日も、青梅市で子どもとかかわっている友だちに会ったので、ネットワークの話をしました。その時も、「高校生は終始なぐられている」とか、「自閉はたたくと治ると思いこんでいる人がいる」とか……たくさん話が出ました。確実に子どもたちが傷つけられている現実があります。

塾で日々お子さんと向かい合っていて、本当に多くの学校での暴力の話についてお聞きします。殴られた、蹴られたという、教師からの直接的な暴力だけでなく、体調が悪いのに体育の授業を強要された、傷つくようなことをいわれたなどという間接的なものもあります。

自閉の子どもが水遊びに夢中になっていると、主任の先生自らその子どもをコンクリートに腹ばいにさせ、お尻をめくって思いきりビンタを何度も何度もしていました。大声で怒鳴りながら体罰を続ける教師、周囲の無表情の教師たちに驚いてしまいました。しかも、それが当然のような雰囲気に不気味さを覚えました。……障害児は訴える能力がないことが多いため、安易に体罰が行われているのは事実です。

特に自閉症児は、言葉がなかったり、表現が乏しかったりするうえ、親も手のかかる子をあずかってもらっているという遠慮(不要な)から何もいえないでいることが多く、普通学級であれば問題になることも、表面化しないことが多いように見うけられます。……裁判がきっかけとなって、一人ひとりの子どもを大切にする教育がもっと論議され、教育の場に波及していけばと願っています。

市の民生委員をしていた六年前。体罰を受けた子どものことで医師の診断書をもらって、警察、市役所にかけあったがダメだった。両者はツウツウだ。民生委員の立場上、政治的な行動をつつしむようにいわれ、新聞に載せてもらうこともできなかった。子どもはやめさせられた。

てんかん、知恵遅れの子は、しつけということで体罰を受けている。

友人の自閉症の子ども、養護学校に通っている。体中にやけど。医師に診せたらタバコの火をつけられたのではないかと。学校は知らないという。通学途中でやられたのではないかというが、学校の送り迎えは親がしている。訴訟をおこそうと思っているが、教育委員会の圧力が強いので、かえって立場が悪くなるのではと悩んでいる。

自閉症の娘、腕、肩にやけど。一cmくらいえぐられている。五〇カ所くらい傷になっている。鼻血、唇のはれ等も先生は知らないという。同じように体罰を受けた子の親と訴訟になっている。他の子の証言が得られない。先生が他の子の親に手を回している。

仕事場で不当な扱い。暴行を目にしたり聞いたりしたとき、注意、交渉などしている。障害者が不当な仕打ちを受けるのを目にしているので力になりたい。

特殊学級や養護学校へ行っている子どもたちが放課後に来て、私はその子たちの個別指導をしている。子どもが体罰を受けたと思われるケースにしばしば出会う。連絡帳に書いても、先生は知らなかったとか、たまたま当たってしまったなどということで済ませてしまう。子どもも親も何もいえない。

等々、日本において障害児・者への体罰、虐待がこれだけあり、見えないでいて、当事者の人々が差別され、悩み苦しんでいることを私は知ったのです。

5　東海大の篁一誠先生の鑑定意見書

このS学園事件において、鑑定人である篁一誠《たかむらいっせい》先生（東海大学医学部）の、本件裁判に提出した鑑定意見書は、自閉症児に対する体罰虐待を防止する上でも、自閉症児への指導方法を示すものとしても重要なので、最後に紹介します。

鑑定意見書

日本での自閉症児に対する指導が具体的に始まった昭和四十年代は、「絶対受容」という考え方が主流で、自閉症児に「好きなことを、好きな時に、好きなだけさせる」という方法が用いられていました。……このため自閉症児の行動の仕方を自分勝手で、わがままなものとして受けとめる見方がでてきて、受容的方法に対する批判が高まり始めました……。

昭和五十年代の指導の特徴は、受容的方法への反動から厳しい態度で指導をしようとする考え方がでてきました。俗に言うスパルタ教育が横行し、体罰を用いることはやむを得ないことだという考えをする指導者も増してきました。「戸塚ヨットスクール」などの問題が起きてきたことからもわかるように、どんな方法を用いてでも指導をすべきであるという考え方が強まりました。特に受動的方法による指導を幼児期に受けてきた自閉症児に対して、強制的に指導をして自分勝手さを克服させるという考えが強くなってきました。

昭和六十年代になって、自閉症児の能力や行動特性に応じた指導をしていこうとする考え方がではじめてきましたが、現在のところまだ具体的な体系化された指導方法は確立していません。それは、自閉症児の状態像が個人個人でちがっており能力の差も大きく、全く同じ状態の自閉症児がいないということに原因があります。自閉症児の指導を画一的な方法にしようとすることは無意味なことであり、個々の自閉症児の能力に適した指導方法を見つけだすことが大切であると考えます。

現在の自閉症児に対する指導では、強制的な働きかけをしていることがまだみられ、個性の尊重が十分になされていません。特に年長自閉症の指導ではこの傾向が強く見られます。

自閉症児は、自分の意志で行動する時と周囲の人の指示や命令で行動する時とでは、行動に大きな差がでてきます。

自閉症児の示す行動は、周囲の状況にそぐわないものが多いために、基本的には働きかけの仕方は禁止の言葉を使って、繰り返し指示する方法がとられがちです。周囲から与えられる刺激が強くて大きなものになりますと、自閉症児が自分の意志で行動する機会は少なくなっていき、受身的な行動が多くなり結果として中途半端な行動をしてしまうことになります。自閉症児への働きかけの原則は、「出来るだけ短い合図を出来るだけ小さな声」ですることにあり、一回の合図で行動するように仕向けていくことにあります。

自閉症児の行動を阻害している可能性のある刺激を、環境のなかから取り除いていく配慮が必要であり、自閉症児の行動を賦活しやすい環境を整える作業がまず望まれます。

自閉症児の根本の障害は、能力の障害よりも意欲の障害にあると思われます。自閉症児は自分の意志で行動する時、物事を短時間で覚えることもできますし、正確に物事を遂行することができます。しかし、興味のないことや初めて経験することに対しては消極的で時には無視したりすることもあります。それは、自閉症児が経験のないことに対する不安感を持っているためであると思われます。

刺激の与え方を工夫しながら自閉症児が自分の意志で行動や方法を選択できるようにしていき、行動の結果に対して適切な評価を与えていきますと、不安感が少しずつ解消していきます。満足感を得ることにより不安感を減少させていくことが、意欲を高めるための基本であり、叱咤激励するだけでは満足感は得られません。

自閉症児を不適切な障害のある子として育てるのではなく、自分の意志に基づいて自分の行動を選択し、自分で行動を修正していける人になるように援助をすること、物事に前向きに取り組む意欲を持った一人の人として生きていけるように関わることが指導であると思います。

叱ることは人に迷惑をかける時と、自分や周囲の人の生命に関わるような危険なことをした時に与えると効果的でありますが、困難さを克服させる手段としては叱ることは効果がありません。

人は、満足感を味わうことによって、自信が生まれ、それが新しいこと経験のないことに立ち向かっていく原動力になっていきます。意欲の根底には満足感をどれだけ味わっているかがあるわけです。強い指示や強制によって獲得された行動は人に満足感を与えることが少ないために、それを繰り返そうとする意識を形成することができません。弱い働きかけで形成され、十分な満足感を得られたものが一番安定した行動であり、自発性や主体性を育てていくためにも意欲の操作が鍵になっていくものと思います。

三　伊勢原養護学校プール死亡事件

1　業務上過失致死事件

一九八七年四月、神奈川県の県立養護学校高等部二年の自閉症のＩ君（当時一六歳）が、体育授業の水泳訓練で学級担任教諭からマンツーマン方式で指導を受けている最中に、多量の水を吸い込んで意識不明となり、溺死しました。I君はT大学医学部附属病院精神科外来で療育指導を受けていました。

この事件は、業務上過失致死事件として立件されました。

同教諭は、I君がしばしばバタ足を止めて立ち上がろうとしたことから、これを防いで練習を続行すべく、I君の足の動きに気を取られて、息継ぎの状況を確認しないままバタ足訓練を続けました。この過失によって、I君は多量の水を吸い込み、呼吸困難による意識不明に陥り溺死したのです。この過失によって、同教諭はI君を死亡に至らしめたとして刑事上の過失責任が認定され、罰金二〇万円の略式命令が言い渡されました。

しかし、I君の両親は、略式命令で認定された過失内容について納得がいきませんでした。略式命令の認定のように、その教諭が「足の動きに気を取られて」いたからといって、溺死するほど水を吸い込む状態に気付かないなどということはありえません。むしろ、その教諭は、足をつかせないようにするという強引な体罰的指導のなかで、極度の疲労と恐怖心のため混乱状態になったI君を鎮めるため、その頭部を故意に水中に沈めたのが真相ではないでしょうか。

そこで両親は、担任教諭のどのような行為により事件が発生したのか、真実を求め、損害賠償請求という民事裁判を起こしたのです。正面から「生命の値段」が問われることになりました。

そもそも人間の命に値段をつけるとすれば、それはすべての人が等しく同額であるべきと思えますが、現在の実務では、生きていれば得られたはずの収入に対する賠償である逸失利益をめぐって差があり、「生命の値段」は収入の多寡により大きく左右されます。

子どもについては、将来の収入について未知数であるにもかかわらず、平均賃金を基礎として逸失利益を認める扱いとなっています。ところが、同じ子どもであっても障害児であった場合、将来の収入が低いという点から、逸失利益は障害のない子より低額に算定されてしまうのです。

2　判決——差別が逸失利益にも

横浜地方裁判所は一九八九年三月、県のみに対して、慰謝料、葬祭費等で総額二八六〇万円、そして、一二〇万円というほんのわずかの逸失利益の支払いを命ずる判決を言い渡したのです。

判決内容は次の通りでした。

被告教諭は被害生徒の足首、大腿部等に合計一四個もの浮き具（ヘルパー）を装着させた上、生徒を横抱きにするような姿勢でプールを往復する訓練を行い、しかも、生徒の足の状態を注視するあまり、生徒の呼吸確保に注意を払わなかったため、生徒が水泳訓練による疲労で鼻口部を水面上に保ち続けることが困難になり水を吸引したことに気付かず、さらに生徒が水を吸引して痙攣を起こした後も、生徒の気道を確保し、人工呼吸をするなどの適切な蘇生措置を施さなかった結果（重過失）、生徒を溺死するに至らしめたものと認められる。

しかし、Ｉ君の鼻口部が水没した状態で呼吸をし、呼吸器内に水を吸引して呼吸困難となり、しかも、腹が膨れ上がるほど水を大量に飲んだ様子について、被告教諭が下半身の状態のみに注目していたから、それに気づかないということは、客観的状況からありえず、やはり真相は被告教諭が、それまでの強引な体罰的指導や水への恐怖感で混乱状態に陥ったＩ君の頭部を故意に水没させたということではないだろうかというのが、原告および私たち弁護団の考え方でした。

また、Ｉ君の死亡による逸失利益の算定は、Ｉ君の経歴、進路希望等の事情に照らし、地域作業所入所者の平均年収（一九八五年度の県内の地域作業所における障害者一人当たりの年間平均工賃は、七万二八六六円）を基礎として、その金額は一二〇万一一六一円でした。社会での差別的扱いが、不法行為による死亡事故における「生命の価値」の場面にまで持ち込まれたのです。

たしかに、障害児の場合、就労の機会等が制限されている今の現実からすると、将来得る収入が平均的労働者より低いものになる可能性は高いかもしれません。しかし、適切な療育などにより潜在的な能力が開花し、高い収入を得る可能性もあり、就労の機会等の社会的環境の整備により収入が向上する可能性もあります。命が失われた時点で働く能力のない人は、生命の価値が無価値と評価されてしまうことになりかねません。

3　控訴と高裁の判断

両親は、東京高等裁判所に控訴しました。控訴審では、改めて真実の事件経過（担任教諭の過失内容）の究明を求めて詳細な主張を展開し、本件養護学校の体力主義・体罰主義的体質を放置してきた等、県独自の責任を追及しました。

また、逸失利益の問題について、弁護団は、一六歳で死亡したI君の逸失利益算定に当たっては、年少者一般について実務の大勢がとってきた平均賃金によって算定されるべきである。ところが、一審判決は、I君の逸失利益を算定するに当たり、卒業後の進路として「地域作業所に進む蓋然性が最も高い」と決めつけて同作業所入所者の平均収入を基礎として算定し、実務の大勢がとってきた平均賃金を基礎とする方式を排除していて、これは誤っている。年少者の死亡による損害の実質が、子どもを失ったことによる親の精神的打撃であるとすれば、親の悲しみは、子どもの障害の有無によって変わるものではない。障害のない子が被害者の場合でも、その子どもの能力や可能性、将来の職業や収入などについて明確に予想することは困難だが、実務では、それらの個別・具体的事情を一切捨象して、一律に平均賃金による算定を行ってきた。それは「平等」にもかなう合理的なものと考えられている。従って、裁判所は、人間の尊厳と法の下の平等、人間の価値の平等という規範的要素を重視して、不合理な格差の是正に正面から努めるべきである。

こう主張したのです。

一九九四年十一月、東京高等裁判所は、逸失利益について次のような重大な判断を示しました。

I君は、養護学校高等部卒業後は、周囲ないし受け入れ側の対応に助けられれば、希望する調理師として、あるいはその他一般の企業へ就職して、稼働できる能力や体力も備えていることが推察できるのであり、多くの療法症例を扱う（I君の主治医である）精神科医の目からみて、その可能性もかなり高いと判断されるというのであり、また、I君にとって周囲の環境はよく、満五歳から一六歳の死亡直前まで一一年もの間、両親の教育熱心と深い愛情による努力に支えられてT大学医学部附属病院精神科へ通院し、同科の実施する療育プログラムを受けてきたI君を継続して診察してきたことなど前示の経緯に照らしてみれば、これらの点につき、専門医としてI君についての将来の可能性、蓋然性を推断して述べる主治医のD証言を信用できないとはいえず、むしろ、これを排斥するさしたる理由がないのである。

I君の能力であれば、自閉症児であっても一般企業に就職することも受け入れ先に理解ある対応がある場合には、I君も良い療育プログラムや良い学習を早期から受け良く伸びた児童の例として、その高度な可能性を予測することができるのである。

I君の死亡による逸失利益を認定するに当たっては、先に述べた観点から、むしろ生育過程における発展的解消、育成による向上、好転、安定化の要因を予測することができる限り、それら予測され得る要因をもできるだけ加味して、一般企業や希望する調理師としての仕事を得て地域作業所における工賃程度の収入より相当に高いレベルの稼働による収入を得ることができるとみてよいはずである。

I君が一貫した療育プログラムを受ける中で能力的にも目覚ましく成長、発展していたことが窺えるのであり、将来は調理師試験をめざして学習をさらに積み、調理師試験に合格して調理師になれるか、そうでなくとも右希望する業種に関連する仕事に就職して稼働できる蓋然性が高いものであったと推察できるのである。

被控訴人ら（県、担任教諭）は、I君が自閉症であることから将来も地域作業所に入所しそこにおける作業等により与えられる金員だけに限定し、それが全逸失利益と評価すべきというが、こと人間一人の生命の価値を金額ではかるには、この作業所による収入をもって基礎とするのでは余りにも人間一人（障害児であろうが健康児であろうが）の生命の価値をはかる基礎としては低き水準の基礎となり適切ではない（極言すれば、不法行為等により生命を失われても、その時点で働く能力のない重度の障害児や重病人であれば、その者の生命の価値を全く無価値と評価されてしまうことになりかねないからである）。

このような考察の結果、東京高等裁判所は、一審の「地域作業所」基準を排した上で、県の最低賃金、県立養護学校高等部卒業の自閉症男子生徒の平均初任給等による各算定金額を比較し、I君の将来の可能性から不合理でない金額として、逸失利益を一八〇〇万円と認定したのです。逸失利益について、一審判決一二〇万円と高裁判決一八〇〇万円との差は、障害児の生命の価値をいかに評価するかによって生じたものです。

本件は、そもそもかけがえのない命を金銭で算定せざるをえないという苦悩に加え、従来障害児の逸失利益は低額にしか認定されてこなかったという現実から、全国的に注目を集め、金額のあまりの格差から「命の値段」などとTVや新聞などマスコミでも大きく報道されました。高裁の判断は「生命の価値」について、療育の成果を高く評価し、障害児であってもその将来の可能性を前向きに見つめた判決でした。後に述べる重度の障害児・者の逸失利益の裁判にも大きな影響を与えたのです。

四　白河育成園事件

1　人権侵害の発覚

一九八〇年頃、埼玉県所在の知的障害者施設愛弘学園に大工として勤め、その後同施設の作業指導員となったWが、一九八八年八月に、知的障害者の「生活ホーム」と称し、無認可の施設として開設したのが白河育成園（福島県白河郡西郷村）でした。

Wは、園開設の前後から、東京都内の福祉事務所等をまわって、家族から施設入所を望まれていた知的障害者の紹介を受け、これらの人々を同園に入所させました。都内では、施設入所待機者が滞留していて簡単には入所できない状態で、このため介護に耐えかねた家族は、無認可の法外施設であっても、そこに知的障害者を委ねざるをえない状況でした。Wはこうした事情を見聞し、無認可施設を開設すれば都内から知的障害者を集められることを知っていました。

開設年である一九八八年中の入所者は約十名でしたが、その後順次増えて、認可前には約三十名の入所者を数えるに至り、神奈川県出身の二名を除き他は東京都出身でした。

Wは、一九八八年八月から一九九〇年十二月までの間、「負担金」と称して入所者一人当たり七万円を徴収していましたが、九一年一月からは一挙に一三万円に増額して徴収したのです。

社会福祉法人として認可（社会福祉事業法三十条）を受け、措置により利用者が入所（精神薄弱者福祉法十六条一項二号）することになれば、通常は施設整備につき補助金が出るほか、入所者の生活費や職員の人件費等の施設運営に要する費用は措置費として公費で賄われることになります。

そこで、Wは、白河育成園開設後間もない時期から法人認可をめざし、一九九六年には認可に必要だとして、一人平均八百万円という高額の寄付金を家族に強要して、新たに入所者の居住棟を建設するなどし、同年一月十三日、社会福祉法人白河育成園として法人認可を受け、三〇名が措置入所しました。

しかし、一九九七年一月十三日の福島県の監査結果により二五項目の改善指導項目が、さらに同年七月二十三日にも約四十項目の改善指導項目が指摘され、白河育成園開設後、入所者に対して著しい違法行為（人権侵害）を続けてきたことが発覚しました。

2　体罰を指導方針に

Wは、もともと建設業の従事者であり、愛弘学園でも大工、作業指導員として勤務し、入所者に対して体罰を振るっていました。ノーマライゼーションについて「脳丸の人たちと違って」と侮蔑的な読みかえを行ったり、「悪いことをしたなら、痛いこと」で入所者を指導すべきとか、「体罰の期間を長く続ければ、効果がなくなる」と説いたりするなど、障害者福祉に関しての理解がなく、障害者にかかわり、施設を運営する感性や能力に問題があったにもかかわらず、独善的で特異な考え方に基づいて無認可施設を開設し、入所者に対して我流の処遇を実施してきました。そのため、開設当初から、入所者全員に対して生活全般にわたる継続的で重大な違法行為（人権侵害）が繰り返されてきていたのです。

Wは、驚くべきことに、体罰や暴力、暴言、強制を堂々と指導方針として掲げていました。この方針に従って、職員にも積極的に体罰暴力をすすめ、暴力に疑問を感じている職員に対しては逆に解雇を申しつけています。私たちが調査した被害者の調査報告書を見ても、どれだけ多くの園生に対して施設長が暴力暴言で傷つけ、恐怖に陥れ、職員もこの施設長のやりかたに対して悩んでいたかが明らかです。入所者本人が残していた「げんこつでたたくのやめてください、コードでたたかないで」のメモなどからも、入所者の苦しみは察するにあまりあります。

また、入所者に対しては、午前六時起床、午後六時就寝という異常な日課を課して、毎日一二時間も蒲団の中で過ごさせるという非人間的な処遇を、施設開設時から継続してきました。そして、毎日長時間の睡眠を強いられるために入所者が寝つけないことから、Wは、医師の資格がないにもかかわらず、ほとんど全入所者に対して、午後五時の夕食時に毎日睡眠薬等を投与していたのです。睡眠薬で無理矢理長時間寝かされるために、夜尿などしない人も蒲団の中で尿をもらすようになったことから、一部の若い女性入所者に対して、本来ならばまったく必要のないおむつをして寝かせることまでしていました。

また、Wは入所者の処遇計画も作成せず、処遇会議も開かなかったうえ、ほとんどの入所者に対し、ただ音楽に合わせて園内を意味もなく歩き回る「歩行訓練」に毎日何時間も従事させていました。無意味な「歩行訓練」や、つくっては壊すだけの無意味な粘土いじりを長期間繰り返させられてきた結果、大部分の入所者は入所当時よりも身辺の自立能力を低下させています。

外出・外泊の自由はもちろん認められていません。それどころか、作業以外では居住棟内から出ることも自由ではなく、施設内でのレクリェーションもありませんでした。

入所者の障害基礎年金もWが管理し、入所者や家族には管理状況は一切知らされず、その他施設内でどのような処遇が行われているかや、病気や怪我をしたことなども含めて、施設の管理運営はすべて保護者に知らされませんでした。

そして、本来自由な面会についてまで、Wは、施設における家族との面会日を年一回に制限し、しかも施設内に公衆電話も設置しませんでした。このため、大部分が東京や神奈川出身の入所者は、家族から遠く離れた見知らぬ地で、しかも施設外の人との行き来を遮断された状態で、何の楽しみもなく、長期間ただ収容されてきただけだったのです。入所者の中には、あまりにも不自由で生きがいや楽しみのない生活に耐え切れず、自殺したいと訴えている人までいました。

体罰と暴言、異常な日課、睡眠薬の継続的投与、おむつ、無意味な歩行訓練、そして外界から遮断された不自由で楽しみのない生活は、障害の有無にかかわらず、誰にとっても到底耐えがたい生活です。その上、Wは自己の目から見て「問題行動」を示した入所者に対して、医師の資格がないにもかかわらず、精神安定剤等の薬を勝手に投与していたのです。

3　白河育成園自主解散までの経過

白河育成園の実態は、一九九七年四月、一部の職員たちが「これ以上園長についていけない」、「入所している園生がかわいそう、このままでは死んでしまうかも知れない」、「やめるにもこのままではやめられない」と思い、悲惨な現状を保護者たちに訴えたことから発覚しました。保護者たちは本当に驚き、強権的な園長の目から隠れて連絡を取り合い、立ち上がりました。

東京都の知的障害者等権利擁護センター「すてっぷ」の弁護士に相談に行きました。そして、そこの高村浩弁護士が担当し、改革の声を上げた保護者たちを支援しはじめました。保護者たちが福島県、東京都および都下の措置機関である区市等に実態を訴えたことから、福島県と東京都も緊急監査の調査に入り、人権侵害が明らかとなり、強い行政指導もなされました。

しかし、W施設長ら役員たちとそれを支援する保護者たちは、精神薄弱者福祉法や社会福祉事業法等の制度の不備（公的福祉施設であるにもかかわらず、理事長や施設長は無資格でいわば誰でもなれ、その罷免権等も行政にないという法制度）を盾にとって居直り、改革の声を上げた保護者や職員たちへの反撃に出てきました。

膠着した状態のなかで、八月、障害問題人権弁護団に支援の依頼と相談があり、九月に副島洋明弁護士を中心とした白河育成園被害者弁護団が結成されました。弁護団は十月二十四日、二十五日に現地調査を行い、被害者や当事者、保護者からの聞き取りを行いました。弁護団は、本人や保護者からの事情聴取をするに当たって、また、本人の成育歴や障害、今後の生き方等についての調査と支援をするに当たって、知的障害者福祉の現場で活躍している多数の関係者に協力してもらいました。社会福祉法人として認可した福島県、この園に紹介措置した東京都各区に対しては、話し合いとともに責任追及を行い、これまでの知的障害者福祉政策の見直しを迫っていきました。

十一月二十一日、保護者・弁護団と都下や横浜市などの措置機関の各区市責任者との都主催による協議の場で、弁護団声明を発表し、当面の課題（被害者を本人の地元の施設に緊急保護すること、被害回復にふさわしい医療的ケア、本人の意思を尊重した緊急保護と措置変更、園への心理的拘束から解放され、被害を弁護団に十分に語れる機会の保障）と、今後の課題（本件施設の解体、知的障害者施設をはじめとした入所福祉施設の根本的見直し、都外施設の見直し、都外施設全体の人権実態調査）を要求・提案しました。

十一月二十五日に弁護団はWと職員一人を白河警察署に対して告発。ところが、都の各区の担当者たちの中から「白河育成園をつぶしてどうしようというのか」、「責任？　どういうことか」、

「いい施設といっている保護者もいる」と公然といって、責任を押しつけ合うなど、自らの責任を回避し、当面の課題の実行を怠る動きが出てきたのです。これに対して弁護団や保護者は、弁護団声明の実行を迫る要請・抗議をせざるをえなくなり、多くの関係者にこれを訴えました。

十二月九日には女性の入所者に対する性的虐待が発覚し、行政の今までの対応の遅れの問題性も社会的に明らかになるなかで、十二月十四日、本件申立人である二一名の入所者は自主退園しました（全入所者三一名中二一名が退去したことで、実質上白河育成園の「廃園」が決定づけられました）。

十二月十五日午前、弁護団や保護者らは弁護士会館で緊急記者会見をし、日弁連にも人権救済申し立てをすることを伝えました。そしてその日の午後、本人一人ひとりに合った緊急一時保護先として、都内の民間更生施設と都立施設四カ所の提示があり、検討した結果、ひとまず了承しました。

十二月十九日、園は福島県警から押収捜索を受け、二十九日には理事会で、一月三十一日付けで園を自主解散するとの決定を行いました。

4　白河育成園事件の意味するもの

障害児・者への体罰・虐待事件がいくつも明らかとなり、裁判にもなっています。

体罰裁判には、施設で自閉症の子が保母に殴られた青梅S学園体罰事件、盲学校小学部の児童が宿題をやっていないと教師に目の近くを殴られ眼球を摘出した大分盲学校事件、養護学校で個別指導ということで更衣室で教師に目を強く押さえられ結膜下出血を起こした名古屋南養護学校事件、プール指導中に強制的に泳がせようと多数の浮輪を足につけて溺れ死なせてしまった、前述の伊勢原養護学校プール死亡事件などがあります。

一九九七年には、水戸のアカス紙器（後・水戸パッケージ）というダンボール製造の企業経営者が、知的障害者の賃金を水増し報告して、公共職業安定所から雇用助成金を不正受給し、知的障害者の従業員に暴行、性的虐待を行ったとして刑事告訴され、執行猶予付の有罪判決を受けました。同じように滋賀のサン・グループという企業では知的障害者らが正当な賃金をもらえず、その上年金を使い込まれ、会社内で虐待されたとして社長が告訴され、有罪実刑判決を受け、また国と県に対し民法上の不法行為責任で賠償請求の民事訴訟が提起されています。

「精神遅滞者の権利宣言」（一九七一年、国連総会決議）、「障害者の権利宣言」（一九七五年、同）、一九八三年を起点とする「国連・障害者の一〇年」の国際的共同行動を主導したのは、第一に、障害者は障害をもたない他の市民と同等の基本的人権を有するという思想であり、第二に、これと分かちがたく結びついた、障害者も健常者も区別なく生活を共にするのが正常なことであり、望ましいというノーマライゼーションの思想でした。

障害者基本法も「個人の尊厳」を基本に、可能な限り障害のない人と変わらない生活を実現するというノーマライゼーションの思想に基づいています。

前述のように障害児・者に対する体罰・虐待事件がようやく表面に出るようになってきましたが、見えないところで同じような事件が少なからずあり、表面に出てきたのは氷山の一角であり、構造的問題であることが明らかになってきています。

北欧で生まれ、欧米などに広がってきたノーマライゼーションの思想は、これらの国々で施設内での烈悪な処遇、虐待があり、その管理・抑圧・保護の体系への反省から、年数をかけて施設解体が行われてきた歴史から生まれてきたものです。

わが国の障害児・者の人権については、「国連・障害者の十年」の間、一定の前進はあったものの、まだまだ欧米のレベルにはほど遠く、ようやく本件のように施設内虐待が人権上の問題として、社会問題として明るみに出されるようになりました。障害児・者の権利擁護とノーマライゼーションの実現の課題が、我々の前に突きつけられるようになったのです。

その意味でもこの事件は、日本における障害者の、特に知的障害者の遅れた人権状況を象徴的に表すもので、早急に欧米の人権レベルまで追いつかなければなりません。また、それ以上に人権侵害を受けてきて、現在も受けている知的障害者の苦しみを救済しなければならず、その課題が私たちの目の前に現れてきたのです。

私たち被害者弁護団は、措置主体の東京都各区・市の自治体に対して、白河育成園を安易に紹介・措置し、調査を怠り、人権侵害を阻止できなかった責任を認め、今後このような施設を紹介・措置し、放置することなく、ノーマライゼーションを実現するために、①都外施設措置の禁止、②都外施設入所者は東京へ戻ること、③施設の実態調査と公開、施設を選択できる措置を求め、また福島県に対しては、白河育成園を社会福祉法人として認可した責任を認め、認可する際は、人権上のチェックと、認可後の人権上の監査を求め、厚生省（当時）には、本件のような事件は日本の施設のどこでも起こりうるものとして、①体罰・虐待禁止の通達、②施設責任者の人権上の資格制限、③人権上の実態調査と権利擁護機関を設けることを求め、日本弁護士連合会に人権救済の申し立てを行いました。

五　T病院性的虐待事件

1　看護師による性的暴力

ある県内の学習障害をもつ二三歳の女性が、通院していた県立T病院の五五歳の男性看護師から性的暴力を受けたとして、損害賠償を求めた訴訟の判決が二〇〇三年十月二十九日にありました。東京高裁で、裁判長は性的暴行の存在を認め、請求を棄却した地裁支部判決（二〇〇一年十二月）を取消し、看護師と県に総額三三〇万円の支払いを命じました。

判決は、看護師について「九八年五月～十月、女性のアパートなどで少なくとも数回にわたってわいせつ行為をした」と指摘し、「女性の人格権を侵害したのは明らかで、賠償責任がある」と認定、病院を経営する県の使用者責任も認めました。

本件は、精神病院での看護師による、障害をもった女性に対する性的虐待事件です。看護師は刑事事件で逮捕までされたものの、密室での事件であることから、悪質にも否認を続け、残念ながら釈放されました。民事訴訟の過程でも全く反省も謝罪もせず、逆に被害者に責任をなすりつけるという卑劣で横暴な態度を示しました。

また、看護師による不法行為に対する病院の監督体制の杜撰さが明らかとなりました。特に訪問看護は、精神病患者の地域復帰のための地域医療として今後最も充実を期待される制度です。ところが、本件は訪問看護を装い、障害への援助、性教育を口実に、上下関係を利用し、精神的な障害をもつ女性への性的虐待行為が行われたもので、全く許せない犯罪行為、不法行為でした。

2　民事裁判一審の不当判決

民事裁判での反対尋問のなかで、看護師は、病院からの指示も承諾も得ず、毎日のように夜遅く女性を訪問し、二人きりになって、専門家でもないのに性教育をしたりしていたことが明らかとなり、看護師本人も「疑われても仕方がない」と答えていました。警察に逮捕される前に出されたT大学医学部医師による鑑定書でも、被害女性には供述能力があり、供述内容の一貫性、体験者しか語れない事実内容が認められ、心的外傷後ストレス障害すなわちＰＴＳＤがあることが、民事裁判で出された他の医師の診断書と共に明らかにされています。

警察に押収された刑事記録が民事法廷に出され、男性看護師の個人手帳には、毎日夜遅く二人きりで会っている記載や女性の生理日の記載までもあったりし、看護師の女性に対する性的暴行が推測されるような物的証拠も出ています。女性は学習障害ゆえに法廷で口述する困難性もあったものの、女性の看護師の付き添いの下、傍聴人もうなずくような真実性の高い供述をし、それに比べ被告看護師は矛盾だらけの供述でした。

このような状況から、私たちは、また、傍聴していた原告の支援者たちも、地方裁判所での勝訴を確信して判決期日に臨んだのです。

ところが、一審では私たちの予想に反し、原告敗訴の判決が出されました。判決理由は、本件が密室での事件であって、被害者の供述が重要な証拠になるところ、その供述に信用性がないことなどで、ジェンダーバイアス（社会的文化的性差別・性的偏見）といわれるほど、性的暴行の危険にさらされている女性の弱い立場を全く配慮しない差別的な判決でした。

被告が逮捕され、警察で捜査が行われた際の被害者の供述に関し、精神科医の鑑定書がありました。それは次のようなものです。

（最初の姦淫行為のころの）精神障害の有無について、当時学習障害と診断され、ときに不安・混乱・興奮状態に陥る傾向にあったが、全般的には幻覚・妄想や意識障害の状態にはなく、現実検討力は保たれ、他人との意思疎通も可能で、精神遅滞や精神病、意識障害の状態にはなかった。ただし、パニック発作に陥りやすい状態で、治療側に位置する同看護師に助けられ、あこがれる気持ちを抱く中で、被害者が具体的にそれと認識しにくい性的行為を仕掛けられたときに、その行為を認識し、それに同意するか拒否するかの判断を冷静に行う能力及びその判断を意思表示できる能力については、ある程度有していたものと考えられる。（中略）

供述心理学的評価については、供述内容の一貫性、体験者しか語れない事実内容等が認められ、被害者の供述は、記憶、特に出来事の時期の特定についての錯誤等の要素をのぞけば真実である蓋然性が高いと判定される。

にもかかわらず、この鑑定書には全く触れない不当な判決でした。

本件原告の女性は、知的障害というよりは学習障害でしたが、知的障害の性的虐待事件と同じように、法廷で援助者がついて反対尋問で立派に供述でき、また、供述の途中、セックス場面になったときトラウマ症状を呈したことなどからも、むしろ原告勝訴を確信しました。

しかし、刑事事件では障害をもつ被害者の証言の信用性を差別をもって判断されたことで、また、このような性的虐待事件のときに女性差別としてよく見られる、抵抗しなかったことで同意があったのではないか、あるいは好きだったのではないかとの差別的な判断で検察官が不起訴にしてしまったために、このような判決が出たものと思われ、到底納得しえない内容でした。

むしろ障害のある人々や女性を差別する内容に満ちあふれていて、障害児・者の人権を保障し、精神病院や地域精神医療、福祉政策の充実発展を期するものではなく、これらを後退させるような不当な差別判決でした。

3　控訴審での逆転判決

控訴審では、姦淫行為については、「本来あるべき看護師と患者との関係を逸脱した過度の親密な関係を継続し、経緯を考慮すれば、性的暴行、わいせつ行為、性的嫌がらせ等の何らかの違法行為があったものと推認し得る余地がないとはいえず、特に姦淫以外のわいせつ行為については違法行為が行われた可能性がある」としながらも、矛盾する供述などを挙げて、立証が尽くされないと結論しました。

しかし、同看護師がマッサージをした事実を認めたこと、被害者が陰部のかゆみを訴えていた事実が認められることなどの事情から、マッサージや陰部への薬物塗布などのわいせつ行為については認定しました。

高裁の逆転判決は、現在、多くのところで起きている障害のある女性に対する性的虐待を許さず、精神病院や地域精神医療において障害のある人々の人権を保障し、地域復帰のための地域医療として今後最も充実を期待される訪問看護を適正化するものとして評価されるものです。

また、障害をもつ被害者の供述を信用性のあるものとして判断し、看護師の性的虐待行為については、職務執行行為には属さないが、外形的に見ると、民法七百十五条の「事業の執行による」に当たることから、県も責任を負うとしていて、これも評価されます。

こうして、この事件の項の冒頭で述べた支払いを看護師と県に命じたのです。

ところが、二〇〇三年十一月十四日の記者会見で、県やT病院は上告を断念し（その後、看護師も上告を断念した）、被害者への謝罪をしたものの、猥褻行為についてはこれを明確には認めず、看護師の懲戒解雇と今後このような事件が起きないための防止策を示しませんでした。このことは、前述した経緯を見ても、到底許されるものではなく、反省と被害者への謝罪が不十分というほかありません。また、看護師は、この事件発覚直後、刑事事件で逮捕されましたが、悪質な否認を続けたので釈放され、県やT病院はその後も看護師を雇用し、控訴審の判決まで働き続けさせたことの問題性について、県もT病院も看護師も反省した様子はありませんでした。

そのため、判決後も私たち弁護団は、県やT病院が看護師の雇用を継続してきたことへの反省と看護師の懲戒解雇、わいせつ行為を認めた上での被害者や両親への謝罪、今後このような事件が起きないための防止策を求めました。相手は後に私たちにそれらを示しましたが、この病院はその後、閉鎖病棟の鍵をかけ忘れ、患者が外で凍死した事件を起こしています。

六　A市特別支援学級性的虐待事件

1　知的障害のある女児に対するわいせつ事件

二〇一〇年三月二十四日、東京高等裁判所において、A市立小学校特別支援学級の担任による知的障害のある女児に対するわいせつ事件の民事訴訟の控訴審判決が出ました。

刑事訴訟では、知的障害のある女児の供述の信用性に疑問をもたれ、担任が無罪となった事件でした。そのため、民事訴訟で加害担任やA市への性的被害の損害賠償請求を行い、一審はわずか三件のみの被害について認定し、損害金五〇万円の判決でしたが、二審ではこれを覆し、多くの被害事実が認定され、金額も慰謝料三〇〇万円と弁護費用三〇万円が認められ、知的障害のある子の供述の信用性が認められました。水戸事件(後述)に続く画期的な勝訴判決となったのです。

被害女児Mは、てんかん、発達遅滞等と診断され、一九九九年三月からK病院に通院・治療中で、前年二月、千葉県より障害等の区分B-1の療育手帳の交付を受けていました。

二〇〇三年四月、A市で小学校が新設され、その特別支援学級はモデル校と宣伝され、この女児の両親も学校からも勧められ、この特別支援学級に入級させました。

ところが、入って間もない小学校六年の春、Mは、家に帰るとシャワーを浴びたり、大好きだったスカートをはかなくなったりするなどの変化を見せました。二〇〇三年六月二十七日、Mの妹が、Mが担任から頭を叩かれていたことを母親に伝えました。六月三十日、両親は学校を訪問し、父親が叱り方に気をつけてほしい旨、担任に要請しました。七月四日、母親に対し、本人が初めて、担任から「おっぱいギューされた」と被害を話しました。七月十二日にはズボンのチャックを下ろす、パンツを引っ張る、手を入れるという内容の訴えをしました。そして、夏休みに東北の祖父母宅に一カ月程滞在した際、Mは被害について繰り返し話し、祖母はこれを日記に記載しました。

九月から十二月にかけて、Mからパンツの中に手を入れられたなどの被害申告を母が受け、他の被害にあった児童の保護者も含めて、両親が市教委に対し、職員の調査を要請しました。

しかし、学校が事実を確認できないなどと不問にしたため、主治医医師による被害聴取をビデオ撮影するなどし、二〇〇三年十一月、両親は刑事告訴に踏み切りました。警察が捜査を進め、二〇〇四年二月、強制わいせつの罪で逮捕。担任は、当初は否認していたものの、三月三日には自白に転じ、五日には起訴されました。

四月から刑事裁判が始まり、自白した時期があったものの、その後、担任は妻が接見したりするなかで否認に転じました。七月四日に、Mが胸をつかまれた被害のみが起訴事実とされ、二〇〇五年四月に一審刑事判決は無罪となりました。

その後検察官が控訴。二〇〇六年二月十五日、東京高裁で控訴棄却となり、無罪が確定しました。高裁は、「少なくとも少女Mや少女Yが被告人からわいせつ行為を受けたという供述部分や、被告人が少女Mや少女Yに対してわいせつ行為を行ったことがあるという供述部分については、疑問を差し挟む余地がないように思われる」と判断し、加害者の自白の信用性、加害者の幼児性愛傾向、被害児童の供述の重要部分の信用性を認めつつも、知的障害児は多くの場合、被害が起きた時間と場所について明確に話すことは苦手であるため疑問が残るとして、一審の無罪判決を支持したのです。

2 民事一審の判断

そのため、被害児童とその両親は二〇〇六年五月、加害担任とA市、千葉県を被告として、損害賠償を求める民事訴訟を千葉地方裁判所に提起しました。

訴状では、担任に対し、虐待行為の不法行為の責任を問いました。また、A市に対しては、担任の虐待行為に対して、児童の生命、身体、健康等の安全を確保するために万全を期すべき義務に違反した責任と、市教委のわいせつ被害防止義務違反の責任および事故後の対応の問題性を問い、さらに千葉県に対しては、これらの監督、助言、指導を怠った県教委の責任を問いました。

弁護団は、刑事判決後に発見された被害児童の祖母の日記に記録された前述の被害内容、そして、専門家意見書による被害供述の信用性、加害者の幼児性愛傾向や自白、そして主要な被害供述部分の一貫性によって被害事実を立証しました。

被告らは、日時・場所・被害状況が明らかでないこと、目撃者がいないこと、虐待行為の機会がないこと、特に「おっぱいギューされた」という性的虐待の部分については、他の教員もいたので被害児童の主張事実はありえないことなどを主張・立証しました。

一審は、未だ知的障害のある女児の供述の信用性について十分理解せず、しかも、被害発覚直後の母親が行った聞き取りや、最初の被害申告から五カ月以上経った主治医のところで録画されたビデオの医師の聞き取りについて、司法面接の専門性がなかったために、「誘導的な聞き取りであり、供述の信用性はない」と思われる内容になってしまいました。被害児童の不合理な供述部分について、刑事でも、また、民事一審でも、信用性がないものとして消極的な認定につながってしまったのです。

そのため、二〇〇八年十二月に出た一審判決では、七月四日に胸をつかまれた被害、プールで頭を叩かれた被害、げんこつで頭を叩かれた被害、この三点のみが認められ、その他の事実は認められませんでした（プールで頭を叩かれた被害については被害児童の妹の目撃証言が、げんこつで頭を叩かれた被害は加害者が自白）。

最初の被害申告から相当期間経過後の被害供述は、ことごとく排斥されました。また、被害児童が主治医面接等で行った不合理と思われるような供述も、多くは否定されてしまいました。そして残念ながら、真実と思われる祖母の日記の信用性は全く認められませんでした。さらに、刑事事件での自白調書や押収された多数の幼児性愛傾向の児童ポルノなどの証拠についても軽視されました。そして、慰謝料はわずか五〇万円。児童の両親は三点の被害事実は認められたこと、特に刑事事件で無罪とされた「おっぱいギュー」の被害が認められたことを評価し、控訴しない決断をしましたが、A市と千葉県が東京高裁に控訴してきたため、結局被害児童も控訴をすることとなりました。

3 控訴審で勝訴

控訴審では、知的障害をもつ児童の供述特性、その信用性に関する点を専門家の意見書を提出するなどして、上記三点以外の事実も認定されるよう弁護団は頑張りました。そして、このような事件の場合に、児童が直後に被害申告することはむしろ稀で、相当期間経過してから徐々に、しかも内容を変遷させながら供述していくほうが通常であること、虐待被害にあった児童の供述には、ファンタジーと思われる供述が混在することなどの専門家の意見書を出したり、虐待行為の主張事実の証拠を一つひとつ丁寧に詳細に示しながら、一審判決がおかしいことの主張・立証を展開していきました。

当然刑事事件における加害者の自白調書、また、押収されている幼児性愛傾向などの証拠に基づいて、虐待行為、特に性的虐待行為を重点的に主張・立証していきました。

このような性的虐待事件では、（この事件の場合、母親などが）被害者へ聞き取りしたものを、後から司法面接の基準を使って、例えば、誘導であるとか、オープンクエスチョン（相手に自由に答えさせる質問の仕方）でないなどとして、知的障害女児の供述の信用性が弾劾されます。しかし、この場合、警察官による知的障害児・者の冤罪を生むような誘導的な聴取や、知的障害児・者の目撃供述に対する誘導的な聴取と違い、被害者の母親などが、性的虐待などの被害の真実を聞こうとするものなのです。そして、この事情聴取は、知的障害のある女児は断片的にしか答えられないという限界のなかで、その断片的な供述のなかから真実を確認しようとするものであり、それがオープンクエスチョンでなかったからといって、不当なものとすることは誤りです。弁護団はこのような点を強調しました。

その結果、控訴審の裁判長は、A市と千葉県に対し、三三〇万円の支払いを命じる判決を読み上げました。一審以上の事実認定と虐待があったことの判断が得られたことで、原告と弁護団、支援団は抱き合って喜びました。

控訴審判決は、一審の三つの被害事実に加えて、七月四日以外にも複数回胸や陰部を触られたこと、加害者が陰茎を露出して児童に見せたことが事実として認定され、特に重要なのは、一審判決では認められなかった被害児童のPTSD症状が認定されたことです。

判決理由では、刑事手続きにおける担任の自白の信用性を広範に認め、性的被害にあった児童は直後に被害申告するとは限らず、相当期間経過後に被害申告をすることが多いことや、知的障害者が被害の日時や回数、場所について正確な記憶がなかったとしても、供述の信用性が否定されないことなどが認められました。

知的障害児者に対する性的虐待事件での被害者の供述の信用性が、差別なく認められたわけで、今後の模範とされるべき画期的な判決でした。

七　発達障害児いじめ裁判

1　教育現場の腐敗を示す事件

私は、発達障害児への援助・指導が十分にできずに学級崩壊となり、体罰的対応でしか指導ができなくなって、それに発達障害の児童・生徒が対抗したためこれを暴力事件として扱い、警察を導入しすぐに逮捕したという少年事件を扱っています（結果としては保護観察となりましたが）。また、ある私立の小中高一貫校で、発達障害児同士のいじめ問題を学校で解決できず、やはり学級崩壊となって、発達障害児であった被害者が自殺未遂にまで至ったといういじめ事件も扱っています。

今、発達障害児への援助・指導が社会問題や教育問題となっています。その問題と関連して、学級崩壊が進み、それと同時に教師側の体罰や生徒間のいじめが少なからず起きているのです。文科省の「いじめ対策の手引き」の中でも、発達障害児へのいじめ対応が強調されています。

その意味で、ここで紹介する事件は象徴的な事件でした。

『アエラ』に「日本の公を問う」というタイトルで、ＰＴＳＤ（心的外傷後ストレス障害）の心の傷を負い、日本の公教育に絶望して「義務教育をアメリカに求める」というＫ君の事件が紹介されていました。この事件は、授業崩壊の原因をＡＤＨＤ（注意欠如多動性障害）のＫ君のせいにして、そのＫ君を静めさせるためと称し、同じく障害のある仲のいい子を使ってＫ君に暴力を振るわせ、その結果、次には生徒の多くから集団的にいじめられて深いＰＴＳＤに陥って、Ｋ君は絶望の上、新しい教育を求めてアメリカに渡ったというものです。そして、日本に帰ってきてから裁判をし、次のような勝訴判決が出ました。とうとうここまで教育現場の腐敗が進行したか、というケースです。

２　地裁の判断

学級崩壊の原因をＡＤＨＤのＫ君のせいにし、Ｋ君に対する体罰による指導を行ったこの事件について、千葉地方裁判所は以下のとおり、教師に安全配慮義務違反として責任があるとしました。特に教師の体罰は、子どもたちの暴力、いじめへの影響を示すものとして重要ですので、地裁の判断の部分を紹介します。まず判決の認定事実は以下のとおりです。

①Ｋの対人関係について

Ｋは感受性が強く、ストレスを感じやすい性格であり、集団生活に適応することが困難な性格であった。

他の児童とのコミュニケーションやきまりを守って行動したり、協調性を持って接していく力が不足しており、授業中、奇声を発したり、じっとしていられずに教室を出ていったりし、また、死んだトカゲを女子児童のそばにくっつける、理科の実験で聴診器を使用した際、聴診器に向かって大声を出して聴診器を付けていた児童を泣かせる、全校朝会などで前にいる児童にちょっかいを出すなど、他の児童に対しいたずらをすることがあった。

Kは小学校三年生のころ、Sに首を絞められて、同人の手や腕にかみつき、負傷させたことがあった。クラスで飼っていたハムスターが死んだことについて、Sから責任を問われ、Sと仲が悪くなった。

Aは自閉症気味で、自分の世界に没頭する傾向があり、他人からちょっかいを出されると、逆上し、パニック状態に陥って、大声で泣き叫ぶことがあった。Kはそれを知りながら、一人で話をしているところに口出しをするなどしてからかい、Aが逆上してKに手を出したり、泣き叫びながらKを追いかけるのをおもしろがっていた。担任Iは、Kの悪ふざけが目に余るため、同人に対し注意をしていたが、同人に反省の様子は見られなかった。二学期に入ると、KがAにちょっかいを出す回数が頻繁になり、Aが泣きわめいて、Kが許せないなどと言うようになった。

②プロレスごっこ事件について

KとAは一九九九年九月中旬、授業の間の休み時間中、廊下でKがAをからかったことから口論となり、授業開始のチャイムが鳴ったために教室に戻ったものの、怒りの収まらないAがKの席まで来て、同人の頭を叩いた。

教室に戻ったI担任は、AがKに向かって大声で泣きわめいていたので、Aを押さえつけ、他の児童に何があったのか聞いたところ、K君が、K君が、というので、Kがまたいつものように Aにちょっかいを出したのだと思い、「またやったのか。こんなんじゃ勉強にならないじゃないかよ。どうすんだよ」、「何度言っても分かんないんだから」、「またちょっかい出したんだろう。だったらみんなの前でやってみろ」などと言って、児童の机がコの字型に並んでいたため空いていた教室の中央部分にKを引っ張り出し、K及びAに対し、Aももう収まりがつかないし、先生が見ているからやり合え、などと述べた。

Iは、Kを後ろから抱きかかえ、Aに対し、Kをたたくよう命じた。Aは、Kの腹部や背部を両手で数回殴り、足蹴りをしたが、あまり力を入れていなかった。IはKを解放し、同人に対し、今度は同人の番であると述べ、Kが自分の席に戻ろうとすると、これを連れ戻して再度Aをたたけと命じた。Kは、自分がたたけば終わると思い、Aの頭頂部を弱くたたいて自分の席に戻った。この時、Aは半泣きの状態になった。Iは二人が泣くまで続けるなどと言い、再びKを連れ戻し、Aに対し、Kをたたけと命じたため、Aは泣きながらKの腹部を殴った。Kは、半泣きの状態となり、Aの髪をつかんで引っ張ったところ、Aが大声で泣き出したので、担任IはKに対し、「それはルール違反だ」と言った。Kは泣きながら教室を飛び出した。

③ビンタ事件について

Kは授業中に担任Iの言ったことに疑問があると、Iや隣に座っている児童に質問したり、自分の意見を述べたりすることが多く、Iにうるさいと叱られていた。Kは二学期に入ってからも、席替えで隣の席になったYに対し、授業中繰り返し質問をするなどしていた。

Yは K に対し、授業中は話しかけないでほしいと頼んだが、それでも同人が話しかけるのをやめなかったため、担任Iに、Kが邪魔をして困ると相談した。担任Iは、授業中または個人的にKに注意を与えたが、なかなか直らなかったため、Yが休み時間に相談しにきたとき、「そんなに邪魔だったら横っ面を一発くらいひっぱたいてやれ」などと言い、また、授業中、YがKに邪魔をされて、嫌がっているのを見かけた際、児童らの前で「ほら、またそこでやっている」、「やめろと言ったじゃん」、「本当にもう言うこと聞かないんだったら、やめないんだったら、ひっぱたいてもいいからやれ」などと言った。

担任Iは一九九九年九月二十八日の三時間目の授業の前に、再びYから、Kがうるさいとの相談を受けたため、三時間目の授業が始まってすぐに、Kがうるさければたたいていいぞなどと言った。Yはその授業中、Kから質問を受け、一回目は何も答えないでいたが、Kがその後、何度も質問をしてきたため、Kに対しビンタをした。

④集団暴行事件について

Mは、一九九九年九月三十日の三時間目の授業中、Kに対し、突然、「後ろでたたいてあげるね」と言い、三時間目の授業が終了した直後、教室から出ようとしたKを見て、周囲の児童に対し、大きな声で「Kをつかまえて」と呼びかけた。付近にいたHらは左右から、Yは後ろからKの腰のあたりをつかまえ、四年一組の教室の後ろのドアの前で、同人を押さえつけた。後からきたHは、ドアの前に立ち、Yに押さえつけられたKに対し、二十回以上往復ビンタをした。周囲には四年一組の児童が集まり、これを見ていたが、そのうちの一人がYらに対し、やめろよと言ったため、Hはたたくのをやめ、Kは教室から飛び出した。

担任Iは、三時間目の終了後、印刷室にいたため上記暴行を見ていなかった。担任Iが印刷を終えて教室に戻ると、児童らが騒いでいたので、何があったのか聞くと、児童が、YらがKを押さえつけてたたいた旨報告したので、Kを捜しに行った。

担任Iは、Kから事情を聞こうとしたが、同人が暴行を加えた児童に聞いてほしいと言ったため、昼休みにYらから事情を聞き、上記暴行の経緯を知った。担任Iは帰りの会で、Yらに謝らせ、Kが、Yが謝ってくれたのでもういいですという趣旨の発言をしたため、問題は解決したものと考え、父、母には、本件事件を連絡しなかった。

以上の認定事実に対して、裁判所は次のように判断しました。

ア　上記認定によれば、担任Iは、短時間とはいえ、児童らの前でKを押さえつけ、同人及びAが泣くまでけんかをさせたものであるから、当該措置が、口頭で何度注意をしてもAをからかうことをやめないＫに対し、これをやめさせようとして採られた措置であることを考慮しても、当該行為は、前記安全配慮義務に違反する行為であり、不法行為が成立するといわざるを得ない。

イ　また、担任Ｉは、Ｙが、授業中、Ｋにじゃまをされて困っていたことから児童らの面前で、Ｙに対し、Ｋがじゃまをしてきたら同人の顔をたたいてよい旨指導し、これに触発されたＹらをしてＫをたたかせ、また、児童らの面前でＫに対する暴力を容認する発言をすることにより、児童らをしてＫに対し暴力を行うことが許されるものと誤信させ、ビンタ事件及び集団暴行事件を誘発したものであるから、当該措置が、Ｋが授業中に他の児童にちょっかいを出すのをやめさせようとして採られた措置であることを考慮しても、当該行為は、安全配慮義務に違反する行為であり、不法行為が成立する。

Ｙらは、小学校四年生という思慮未熟な少年であり、Ｋが日頃いたずらをすることに対し反感を持っていたことや小学校の教師がその担当児童に対して有する影響力が絶大であることにかんがみれば、担任Ｉが、四年一組の児童らの前でＫをたたいてもよいなどと言えば、Ｙらが、日頃の反感から、授業中でないときや、Ｋが何もしないときであっても、同人に対し、安易にたたくなどの暴行を加えることは、十分考えられるところであり、担任教諭として児童らのことをよく知っているＩとしても、教師としての能力と注意をもってすれば、上記のような事態が起こることを十分に予測することができたというべきであるから、集団暴行事件等も、担任Ｉの発言が重要な要因であり、これと相当因果関係を有するというべきである。

よって、担任Iが、Kを押さえつけ、AにKをたたかせた行為及びYらに対し暴力を容認する発言をしたことにより、ビンタ事件及び集団暴行事件を誘発した行為につき、不法行為が成立する。

いかに暴力は暴力を生むか。教師の体罰や体罰的対応が、いかに子ども同士の暴力いじめに発生していくのか。

この事件や大阪市立桜宮高校でバスケ部の生徒が体罰によって自殺した事件を契機に、体罰事件は社会問題となっていますが、これらのことから、教師の体罰が許されないことであるということが私の確信となっています。そして今、発達障害者支援法もできました。発達障害児への指導・援助は、体罰的方法でなく、人間的・科学的・教育的援助で専門的に対応しなければならない時代にきていることを、この事件を通して痛感しています。

八　発達障害児・者の刑事少年事件

1　発達障害者に対する高裁の判断

二〇一三年二月二十六日、大阪市平野区の自宅で姉（当時四六歳）を刺殺したとして殺人罪に問われた無職O被告（四二歳）の控訴審で、大阪高裁は懲役一四年の判決を言い渡しました。検察側の求刑（懲役一六年）を上回る、裁判員裁判だった一審の判決（懲役二〇年）を破棄し、被告の発達障害を理由に、「一審判決は量刑の判断を誤っている」としたものでした。

一審判決は、被告人をアスペルガー症候群（広汎性発達障害の一つ）と認めた上で、「障害に対応できる受け皿が社会になく再犯の恐れが強い。長期間刑務所に収容することが社会秩序の維持につながる」と指摘していました。

しかし高裁判決は、障害について適切な支援を得られなかった被告の生い立ちを重視し、「犯行に至る経緯」や動機には障害が大きく影響しており、被告のみを責めることはできないと指摘し、さらに「障害者を支援する公的機関が各地に整備されていることから、受け皿がないとは認められない」と述べました。

判決によると、約三十年間自宅に引き籠っていた被告は、姉に自立を迫られたことを報復と受け止め、二〇一一年七月に姉を包丁で刺して殺害したのです。

障害への無理解と偏見に基づく一審の差別判決には、福祉関係者のみならず私たち弁護士、司法関係者からも、各地で次のような声明などが出されました。

障害の影響を認めながらこれを不利益な情状として扱い、社会防衛のため長期間刑務所に隔離すべきという前近代的な発想があり、発達障害者はその障害ゆえに社会に多くの困難に直面することがあるとしても、それが犯罪と直結するわけでもなく、障害に無理解のまま安易に再犯の恐れを認定して重い刑罰を科すことは、発達障害を有する人に対する差別と偏見を助長するものである。

二〇〇五年に施行された発達障害者支援法に基づき多くの支援が講じられようとしていることを阻むものであり、裁判員裁判においても、発達障害に対する十分な理解が得られるようすべきである。

2 教師の暴力に対抗して逮捕

これと関連し、最近私が扱った発達障害児の事件を紹介します。

この事件は、知的障害のための特別支援学級に所属する中学三年生のA少年が、学校内で教師四名に取り囲まれ、両手や頭髪をつかまれて取り押さえられた際、教師の手を振りほどこうとして、教師の手に噛み付いたというものです。

噛み付かれた教師の手にはしばらく歯形が残ったようですが、治療を要する程度の負傷ではありませんでした。

少年が通う中学校には、身体障害児や知的障害児のための特別支援学級が設置されていて、少年も、知的障害児のための支援学級に属していました。少年のように知的障害あるいは発達障害があるとされる生徒を受け入れる学校としては、そのような生徒の発達の程度に応じた配慮が求められるのは当然です。

ところが、少年の担任であるA教諭は、「お前も障害者手帳を取ってくればいうことをきいてやる」、「殴りたいなら殴ってみろ」、「蹴りたいなら蹴ってみろ」などの不適切な発言を少年に対して繰り返し、知的障害あるいは発達障害があるとされる生徒に対する配慮に全く欠けていました。

この事件の前年には、問題行動が多いとして、校舎別棟で一人での隔離授業という措置が続けられ、朝から帰宅時間まで、少年一人で「自習」させられることもありました。常に教師の監視下におかれ、少年がトイレに行くときには、排尿時にも後ろに教師が立ち、少年が他の生徒に会うことも禁止されていたのです。

そして、二〇一一年二月四日以降、他の生徒の父兄からの嫌がらせなどが原因となって不登校の状態で、週に一回程度の割合で学校に行って主に副校長と面談を続けていました。

同年六月二日、少年が学校に行って副校長と一対一で面談しているとき、副校長から、同月四日の運動会を見にきてはどうかと提案されました。そのとき、副校長から、見にくるだけなのだから、私服でも構わないとの発言がありました。

ところが、六月四日午前九時三十分頃、少年が運動会を見に私服で学校の敷地内に入ったところ、事情を知らないT教諭から私服で登校したことを咎められたのです。

T教諭は少年の言い分を聞かないで、少年の胸ぐらをつかんだり、少年の足を蹴ったり、髪をつかんだりして少年を学校から排除しようとしたので、少年は副校長に会って事情を説明してもらうため、T教諭ともみ合いながら校内に入りました。

少年は、校内で四ないし五名の教師に取り囲まれ、両腕や髪の毛をつかまれて、床に押し付けられるように取り押さえられたため、教師の手を振りほどこうとして、少年の髪の毛をつかんでいたG教諭の手に噛み付いたのでした。ところが、学校はすぐ警察を呼んで、少年は逮捕され、家庭裁判所に送致されたため、少年の親はやむなく付添人として弁護士を頼み、少年事件を専門とした弁護士から紹介され、私が付添人として選任されたのです。

3 教師の専門性のなさによる事件

知的障害や発達障害を抱える生徒は、自分の意思を言語で適切に他者に伝達する能力や、他者の言葉の意味を周囲の状況に照らして適切に理解する能力が不十分なのですから、そのような生徒を教育する学校としては、少年の特性に十分配慮した指導をすべきでした。

少年には知的障害あるいは発達障害があることを学校側も認識して特別支援学級に入れたにもかかわらず、現場の教師らが、発達障害児を教育するための専門的な力量を持たず、少年を教師のいうことを聞かない、教師に対して暴力的な生徒として扱い、適切な配慮を怠ってきたことが、この事件の背景にありました。

事件直後の警察官や検事による少年への取調べも、迎合性、被暗示性の強さなどのため防御力が弱い少年に対する配慮がありませんでした。

警察署では、「しゃべる義務はあるが黙秘権など君にはない」、「調書に捺印しなければ少年院に送る」と、また、検察庁でも、検事が机を叩きながら「お前がやったんだろ。調書に捺印しなければ少年院に送る」という違法かつ脅迫的な取り調べが行われたのです。

裁判所の勾留質問では、少年は、このような警察官や検事が取り調べの際に作成した調書が間違いであることを明確に述べました。

このような些細な出来事であれば、本来、教育機関が教育的責任の下で教育的解決をすべきであったのに、そのような解決をせず、すぐに学校が警察に通報したことから分かるように、発達障害児、アスペルガーと少年にレッテルを貼った学校側の差別的・非教育的な対応に問題があったことは明らかでした。今まで少年には非行事実の前歴もなく、家庭環境にも問題がなく、ただ、教師らとのコミュニケーションに問題を抱えていただけなのです。

私は付添人として、今後、少年審判が行われても、非行事実が争われ、少年に対しては不処分が見込まれるケースなので、これ以上身柄を拘束した監護措置は、少年に無用の苦痛を与えるので避けなければならないとして、監護措置を取り消すよう求め、裁判所はこれを認めてくれました。

発達障害児は犯罪率が高いというデータがあるわけでもなく、むしろ、学校や司法機関から差別されていて、この事件では、教師の対応能力・専門性が低く、そのため非教育的な対応しかなされず、司法機関からも差別的対応をされたことを、そして、少年が取った行為は、むしろこれら学校の差別的・非教育的対応への正当防衛であったことを、私は明らかにしました。

少年の成長発達のためには、このような学校から離れ、むしろ障害者権利条約でも書かれている成長発達できる合理的配慮のある環境を求めなければならず、処分なしの措置を求めましたが、結果としては保護処分となりました。今、A少年は他の学校に移って頑張っています。

第六章　知的障害児・者の供述の信用性について

一　知的障害者の供述の信用性が問題となった裁判・事件

前述しましたが、千葉県A市の特別支援学級で、知的障害女児が教師から体罰や性的虐待を受けるという刑事事件がありました。知的障害児・者は日時、場所に関する供述が苦手であることなどから、一審、二審とも無罪となりましたが、しかし、二審では、「わいせつ被害に関する被害者の供述は信用でき、被告人の自白は動かしがたい」との判断もありました。それに依拠し、担当教師に対して損害賠償請求を行い、一審の民事裁判判決では、刑事事件で無罪となった性的虐待の一部とその他の体罰が認められました。他の虐待、体罰事実は認められませんでしたが、二審では原告主張のように、教師がわいせつ行為を行ったことの事実を幅広く認め、刑事事件の無罪の判断を覆したのです。

もう一つ、世田谷の施設で知的障害女児が、やはり同様に施設の職員から性的虐待を受けた事件があります。刑事事件として被害届けを出しましたが、施設長は、母親から誘導された知的障害女児の供述には信用性がない、以前性的いたずらをされたときのフラッシュバックだなどと主張し、刑事捜査はストップのままとなりました。

そこで、女児と母親は、施設と職員に対し民事裁判で損害賠償請求を行いました。被害を示す被害者の性器部分の傷や、心的外傷の診断書など、客観的証拠が数々あったため、一審判決では女児の供述が認められましたが、高等裁判所では和解がなされました。

以上の例に限らず、数々の知的障害児・者の体罰・虐待事件で、これまで知的障害児・者の供述の信用性が争われてきました。

子どもの供述の心理は、初期供述も含めて、証拠能力、信用性の部分について多くの研究、分析がなされています。しかし、知的障害児・者の分析については、裁判を含めても、日本は、世界的に見てまだまだ不十分です。

証拠能力や証拠の信用性に問題があるような知的障害児・者が被告人被疑者の場合、捜査機関は見込み捜査などで過ちに陥りやすいものです。捜査機関の見込み捜査などによる誘導によって、知的障害児・者が虚偽の証言をしてしまい冤罪事件となる場合や、被害者となった知的障害児・者が捜査機関の誘導によって真実ではない証言をしてしまう場合などがあるのです。しかし、このような知的障害児・者が刑事被告人・被疑者、第三者目撃者、被害者の場合と、被害者本人が母親や弁護士等から事情聴取を受ける知的障害児・者の性的虐待事件、体罰事件の場合とは違っています。これを混同して考えるために、誘導による供述として信用性がないとして、司法機関においてその供述が否定されやすく、加害者が不起訴、無罪となる例が多く存在しているのです。特に性的虐待・体罰を受けるような被害体験は、長期間記憶として残り、知的障害児・者の場合でも誘導には影響されにくい特徴があります。それにもかかわらず、その被害供述について、知的障害に対する差別意識から、また、断片的供述となってしまうため、被害供述の信用性が認められない傾向がありましたし、今もあるのです。

また、刑事事件は日時と場所が公訴事実として重要な要件となっているのですが、知的障害児・者はそれに関して極めて苦手であるゆえに、捜査機関側の捜査がされず、また、捜査されたとしても不起訴となったり、起訴されたとしても裁判で無罪となったりするケースがあるのです。このように、知的障害児・者が被害者となっている性的虐待事件、体罰事件などで、知的障害児・者が被害を訴えても信用してもらえず、加害者が免責となってしまう例が過去に多くあります。

そのため、障害ゆえに早くケアをしなければ傷は癒されず、深まり拡大してしまうのに、それがなされていません。健常児・者以上に傷を深く負い、しかも、加害者が罰せられないでケアもされずに長時間治癒されないためにトラウマとなったりしています。自分（被害者）がいったこと、訴えたことがまわりに信用されず、特に被害救済を求めた司法・行政機関に信用されないことから、差別され、苦しみ、加害者は罰せられず、早期に救済もされず、怒りが増すという、知的障害ゆえの二重三重四重の被害を受け、悲惨な結果のままに置かれているケースが多いのです。

第五章で述べたA市の事件では、一審において、一番の理解者であり支援者である母親からの初期供述でも、誘導された供述のため信用性がないとして加害者を無罪とした鑑定意見が出されました。知的障害児・者の供述の問題性を認識せず、単なる従来の冤罪鑑定と同じように意見を出している心理学者の遅れた差別の実態もあります。

だからこそ、被害者の被害体験、情動体験は信用できるものであるという判断を勝ち取った水戸事件（後述）での判決を噛みしめていただきたいのです。

私自身、施設での性的虐待事件で記憶を再現して司法手続きにのせようとしても、知的障害児・者ゆえにフラッシュバックが強く、パニック状況になって告訴もできない状況に陥った体験を白河育成園事件でしています。また、第五章のT精神病院での看護師による性的虐待事件でも、加害者は逮捕されたものの不起訴となり、民事事件でも一審は被害者側敗訴となり、なかなか知的障害児の被害者供述を認めてもらえない苦い体験をしています。

私も弁護団に加わった名古屋の養護学校での体罰事件でも、一審で勝訴したものの知的障害児・者の供述が信用できないとして二審で逆転敗訴の判決を受け、お母さんから涙ながらに、「私が誘導したと、息子の供述が信用されない判決をされ、もうどうしたらいいかわからない」と悲しい電話を受けた苦々しい体験を今も忘れません。

その意味でも、知的障害児・者の供述の信用性を担保する必要があり、初期供述が後に信用されるようにする手続や、オープンクエスチョンで聞くことの大切さを認識しなければなりません。また、断片的供述ゆえにクローズドクエスチョン（択一のような回答範囲を限定した質問の仕方）で聞かざるをえない場合、警察とは違った、知的障害児・者の一番の理解者・援助者である母親などが聞いたものでも、信用性のないものとしてはならず、被害供述は、情動体験として一貫性をもって信用性あるものと考えなければなりません。そして、その意味でも知的障害児・者から真実を聞き出す、誘導のない質問のあり方が検討される必要性は十分あると考えています。

知的障害児・者の被害者供述において、信用性なしとして加害者が免責される一方で、苦しみ、ズタズタになっている被害者がいます。この差別・人権侵害の現状を、私たち弁護士も、援助者も、行政機関も、福祉機関も、司法機関も直視し、考え直すべきです。日本においても、国連の障害者権利条約が批准された今、知的障害児・者の司法機関における合理的配慮義務として、このような現状を変え、知的障害児・者の人権の保障を確立していかなければなりません。

二　名古屋南養護学校事件

ここで、上述した問題と関連する名古屋南養護学校事件について紹介します。『障害のある人の人権状況と権利擁護』（児玉勇二・池田直樹編著、明石書店）の第二章「三　知的障害者の証言能力」（中谷雄二）で、私の親しい名古屋の中谷弁護士は、この学校事件について次のように述べています。

一九八八年九月二十二日、名古屋市立南養護学校高等部二年に在学中の創君は、昼休みに担任の一人に呼び出され、男子更衣室に連れて行かれた。そのあと、創君の目に出血が発見されたとして右担任が学年主任に連絡し、学年主任から母親に連絡があり、母親が病院に連れていったところ、右目に結膜下出血が発見された。

（中略）

学校は、学校での事故として処理しようとしたが、事実の真相解明を求める両親に態度を硬化させ、体罰は両親によるでっちあげだとして、対決的姿勢をみせるようになった。

創君本人から事情聴取をしようとせず、訴えにも耳を貸さない学校の態度に、法的手段によって責任を追及しようと両親は弁護士に依頼し、交渉が始まった。（中略）学校側は「やっていないという教師の言い分を信用する」と言うだけで事実調査を拒否し、話し合いによる解決の途は閉ざされた。

このため、やむなく創君の両親は訴訟によって事実を明らかにすることを決意し、八九年七月、名古屋市を相手どって損害賠償請求訴訟を名古屋地方裁判所に提訴した（一審は勝訴。しかし、名古屋高裁で逆転原告敗訴となり、その後、最高裁に上告し、一九九九年十一月九日、最高裁判所第三小法廷により上告棄却の判決が出され確定＝著者）。

（中略）

この事件の中心的争点は、知的障害のある被害者創君の訴え（供述）を証拠として、暴行の事実を認定できるかどうかという点にある。訴訟上は、知的障害者の証言能力、供述の信用性判断の方法が争点となった。名古屋地裁と名古屋高裁の結論が正反対になった原因は、この点についての判断が分かれたことにある。

（中略）

この創君の供述について名古屋地裁は、

1　原告の記憶力自体は、被告が主張するように長期間記憶を保存することが困難な程度であるとはいえず、自己の体験に基づく具体的な事実は長期間にわたってその記憶を保存することも十分に可能であるというべきである。

2　原告は、時間的な前後関係や因果関係といった抽象的な思考に制約があり、抽象的な質問にはうまく答えることが困難で当該問答だけをみると的外れであったり、あるいは本件におけるMによる体罰を否定するかのような回答であったりするが、質問が具体的な事実を問うものであれば、的確に回答しており、特に、Mから言われた言葉（ちんちんはやってない。目だけだわ）や自己の印象に強く残ったとみられる事実の表現（ギューっ）については、全体に抑揚に乏しい話し方の中で際立った抑揚や強調がなされており、このような的確な回答部分は甲七、甲九（注・いずれも録音テープ）を通じて一貫している。

3　学習の可能性については、小野意見も石川意見（一審の鑑定意見＝著者）も一致して否定しているし、原告は自己の体験した事実と他人から言われた言葉を区別して供述していること、本件の発生する前の原告一家と本件学校との関係は、父母が架空の話を原告に覚え込ませてまで学校側と対決しなければならないほどの関係はなかったこと等からすれば、原告がMによる体罰という架空の話をあたかも事実であるかのように学習させられたと認めることはできない。と判断した。

これに対して、名古屋高裁は、同じ創君の供述を次のように判断した。

（中略）

（事件後初めて聞いた被控訴人の供述は＝著者）対立当事者のいない場所における聞き取り調査であるにもかかわらず、その供述は、断片的である上（知的障害児ゆえにもかかわらず＝著者）、被控訴人が自ら述べると言うよりは、母親に促されて、その意に沿うかのように（さらには、おうむがえしに）述べているものであって、これだけでは、本件体罰の事実を認めるのに十分であるとはいえない。

名古屋高裁判決は、その供述の断片性や時間経過後の供述のほうが詳細になっていることから、母親の援助によってなされた供述だと判断し、骨格だけの供述では体罰の動機、背景がわからないとして、供述の信用性を否定しました。

名古屋地裁判決が、精神医学者等の専門家意見として原告の記憶力や供述の特性を認定しているのに対し、名古屋高裁判決は、専門家意見を本件には関係ないとして、事実認定の資料として全く考慮しようとしませんでした。

名古屋高裁判決は、最初から知的障害児・者の証言能力や信用性は疑わしいものという枠組みから出発しているということです。確かに知的障害児・者の供述は断片的で、健常児・者と同じように主語、述語、詳細な供述が十分でありませんが、それでも、虐待供述など中核的な被害供述は健常児・者と変わりません。

中谷弁護士は最高裁で、被害者供述に関しては、内容自体が単純な被害事実であり、自白のような誘導や暗示などであえて被害を作り出す可能性もなく、目撃証言のような誤認の可能性も少ないため、比較的信用性が認められるとしました。

中谷弁護士は、「誤認や被暗示性、あるいは誘導など知的障害者の供述に関して指摘される危険性は、被害者供述に関しては比較的少ないことが指摘できる。つまり、被害者と加害者との間には特に虚偽を述べてまで加害事実を作りあげなければいけないような関係がないことが普通であるし、自らの直接体験事実、中でも被害体験は、ショッキングな事実として記憶に残りやすい事実であること、自白の類型と比較して、供述を求める側の姿勢が強要や誘導的な姿勢であることが少なく、迎合的な供述の危険性が少ないことが指摘できる」と同書で記しています。そして、知的障害者の供述の信用性判断にあっては、当該供述者の障害の特性が明らかにされていなければならないと述べています。

本件の名古屋高裁判決は、被害者本人の供述について、母親の影響下にある供述だといい、身近な家族が知的障害者の話をよく知らないものに説明したり補助したりしたものは、障害者本人の供述とはいえないとして、信用性を否定してしまいました。しかし、これは障害者を全く理解していないものであり、通訳的機能を果たした近親者の役割を誤解するものです。知的障害児・者については、世界各国でリーガルアシスタント（法的援助者）の制度があり、名古屋高裁判決はこれらの援助を否定するものとなります。

中谷弁護士は、「障害に対する無理解もあり、自ら理解不能であったりすると、障害者の訴えが無視されたり軽視されることにつながりやすく、供述が理解できないという理由で信用性を否定するものもある。しかし容易に切り捨てることは誤りである。供述獲得の過程等が丹念に検討されるべきである」と述べ、被害者の供述が信用されない差別意識の根源、構造を探り当てています。

被害者の知的障害児・者が、事件に近い時期に近親者や親しい友人に話していたというケースでは、供述の獲得過程は自然です。性的虐待や体罰などを受けた知的障害児・者に最初に出会うのは、母親や父親、兄弟姉妹、知的障害児・者の専門の弁護士、福祉機関の援助者で、また、制度ができれば初期供述の専門家です。この時の供述を確保し、将来司法手続きにおいて信用性を確保するような制度を早く日本でも確立すべきと考えます。

被害供述を引き出す過程としては、母親がショックを受けたり興奮したりという部分はあるにしても、事実は全くわからない初期段階では、母親が真実を引き出そうとの真剣な供述獲得者であることからも、制約なしに自由に答えるオープンクエスチョンが真実信用性が高いものと思われます。

しかし、多くの場合、その後断片的供述に変わっていき、断片的供述の矛盾を具体的に聞いていく過程として、クローズドクエスチョンにならざるをえなくなります。これをクローズドクエスチョンだからと、A市事件の一審の鑑定専門家のように否定してはならないのです。

中谷弁護士は、知的障害児・者の被害者供述の信用性に関して、司法機関を含めて陥りやすい構造を的確に指摘し、体罰・虐待事件を通して、いかにその供述の信用性を確立していくかという点について、私たちに方向性を示しています。

三　水戸事件

1　被害の概要と民事訴訟に至る経過

この事件は、多数の知的障害者を雇用していた茨城県水戸市内のダンボール加工会社有限会社アカス紙器において、同社社長が、障害者雇用助成金を不正に受給するとともに、知的障害のある従業員らに対し、日常的に暴行等の虐待を加え、かつ原告らを含む女性従業員らに対しては、性的虐待も加えていたという、非常に悲惨かつ凄惨な事件でした。

従業員らは、日常的に「お前らは国の認めた馬鹿だ」などと罵倒され、粗末な食事しか与えられず、不当に低額の賃金で土日も就労させられ、劣悪な労働環境・生活環境におかれていました。

加えて、スリッパ、椅子等で殴る、蹴る、膝の裏にジュースの缶を挟み、膝に大きな石を乗せて正座させる、手錠をかける、食事を与えない等の虐待を受け、特に女性従業員らのほとんどが性的虐待を受けていたのです。

従業員らは他の勤め先を見つけることが困難な状況のなかで会社を辞めることもできず、親たちも、従業員に対する暴行等を目撃しながらも辞めさせることはなく、虐待を受ける日々が長年続くこととなりました。耐えきれなくなった女性従業員の一人が、福祉事務所、労働基準監督署など行政機関に被害を訴えたこともありましたが、取り合ってもらえず、見過ごされました。

一九九五年、一人の女性従業員の母親が、自宅に帰宅した娘のあざを発見し、社長に確認したところ、蹴ったことを認め、傷害の事実が発覚したことを契機に、社長が助成金の詐欺で逮捕され、ようやく被害実態が明らかになるに至りました。従業員らも救出され、社長を刑事告訴しましたが、女性従業員らの性的虐待をはじめとするほとんどの告訴は不起訴処分となり、起訴されたのは一件の傷害、二件の暴行及び助成金詐欺についてのみとなりました。

結果として、被害の実態は明らかにされず、有罪判決が確定したものの、被告は「障害者福祉に貢献した」と執行猶予付判決となりました。

その後、従業員らの多くは責任追及を断念せざるをえず、損害賠償を求める民事訴訟提起までこぎつけたのは女性三名のみでした。

2　訴訟の問題点

民事裁判では、被告社長Aによる原告（女性従業員三名）に対する暴行、傷害、性的虐待に加え、他の従業員らに対する虐待を日常的に目撃させることにより、劣悪な生活環境・労働環境においていたことの責任を追及しました。

Aは、性的虐待を含め虐待事実のほとんどを否認し、特に性的虐待については全女性従業員に対する被害事実を全面否認していたため、原告本人の供述の信用性が最大の鍵となりました。

刑事告訴した悲惨な虐待事件のほとんどが不起訴処分となってしまったのも、知的障害者に対する偏見や、その供述特性への配慮を欠いた捜査が原因でした。

そのため弁護団は、裁判所に対し、「知的障害」と「その供述の信用性」について理解させることを大きな課題として、その点の主張・立証に力を注ぎました。原告らから適切な供述を得るためには、知的障害者の記憶特性・供述特性に配慮した尋問環境整備と尋問方法が必要となるため、本人尋問に先立ち、知的障害の専門家の意見書を提出し、証人尋問を行いました。

その結果、尋問方法等に関する進行協議を踏まえ、原告らの知的障害に配慮した尋問（非公開・ラウンドテーブル法廷における尋問・精神的サポートのための付添人を付ける・ビデオ録取等）が実施されることとなりました。

原告本人尋問後、原告らの供述で、供述のぶれや一見矛盾するような点が見られたことを踏まえ、知的障害の特性に配慮した信用性判断がなされるべく、心理学（供述分析）に基づく専門家意見書を提出しました。

その結果、水戸地裁は、二〇〇四年三月三十一日、凄惨な虐待事実のほとんどを認定し、原告らに慰謝料各五〇〇万円の支払いを命じました。

原告らの供述については、年月日、時間、回数、場所の点において明確な供述ができなかったり、供述に変遷がある旨指摘したりしながらも、専門家の意見書を引用して次のとおり判断し、被害事実に関する原告ら供述の信用性を認めました。

①原告らの供述は、被告から暴行を受けたり姦淫されたこと等の中心的部分については、ほとんど変遷はなく、一貫している。
②知的障害者は、感情を伴う体験については長期間記憶しており、その記憶の内容、衰退の速度等は健常者と変わりないといわれているところ、原告らは被告から身体的暴行を受け、強姦等をされたために、強い恐怖感、嫌悪感、屈辱感等の感情を伴って記憶していることから一貫した供述をしているものと認められる。
③実際には被害を受けていないのに、再就職等の具体的な見込みもないのに退職し、就業先の代表者に対して、虚偽の刑事告訴・民事訴訟提起をするとは到底考えがたい。
④知的障害者は日時を特定することが苦手であること、時間、場所、回数等は被害事実にまつわる周辺事実であること等から、知的障害者の記憶特性・供述特性に鑑みれば、日時、場所等の

周辺事実について特定し得ず、供述が変遷していたとしても、供述の信用性が減殺されることにはならない。
⑤（初期供述を聴取した弁護士の証人尋問を踏まえ）誘導尋問を避けるなど、聴取方法に注意した聞き取りがなされており、また、原告らの供述を聞くまで具体的事実を聞いておらず、先入観をもって事情聴取にあたったと認められない。周囲の者から影響を受けたと認められる具体的な証拠はない。

この事件の担当弁護士は次のように述べています。

「知的障害者が被害を訴えることは困難であり、搾取・虐待の犠牲になる事例は後を絶たない。司法は、権利を踏みにじられた被害者の最後の救済の砦となるべきものでありながら、これまで、決して十分な救済機能を果たしてこなかったのが現状である。

本件原告らにおいても、知的障害故に、原告らの伝えたいことを十分把握するための適切な質問を行うことには困難が伴うものであり、その供述の信用性の判断も難しさを孕むものであった。

本判決は、知的障害者の被害を訴える声に裁判所が真摯に耳を傾け、知的障害者及びその家族が置かれている社会状況、その心理状況も踏まえ、知的障害者の記憶特性・供述特性に留意して、供述の信用性判断を行った画期的な判決であり、今後、知的障害者の供述の信用性を判断する上で、一つの重要な枠組みとなることが、大いに期待できるものである」（黒岩海映・樫尾わかな「水戸事件」障害者と人権全国弁護士ネット編『ケーススタディ　障がいと人権』生活書院）。

2　前述の白河育成園虐待事件について

私自身もかかわってきた知的障害者への虐待事件で、結局は告訴ができなかった事案が第五章で紹介した白河育成園虐待事件です。女性入所者に対する性的虐待事件があって、それに対する告訴ができなかったことについて、副島洋明弁護士の『知的障害者　奪われた人権――虐待・差別の事件と弁護』（明石書店）の一部を紹介します。

そして最後に明らかにされたのは、女性入所者に対する性的虐待です。この白河育成園の宿直・夜勤は人件費を削るため長いこと理事長が担当し、生活棟の中で暮らしてきていました。そして女子棟に夜間でも自由に出入りしています。当初、女性から理事長が「風呂場をのぞく」「裸を見る」「胸をさわった」等のセクハラ行為の訴えがありましたので、私は不安に思っていました。知的障害者施設における「性的虐待」は、職員による暴力という形をとらずとも、強者という立場からの欺罔・甘言・生活指導と称して〝もてあそぶ〟やり方が横行しているからです。知的障害者施設の中での性被害は、私のこれまでの体験から相当数（割合）に及ぶと考えています。一般的にいうなら、男性の知的障害者に対する暴力があるところには女性に対する〝セクハラ・もてあそび（性的虐待という）〟がある、といえるのではないでしょうか。

この性的虐待は、その責任追及によって理事長らを追いつめ私たちの力が凌駕した時に、一九九七年（平成九年）の一二月に入って、〝疑惑〟が被害事実として語られはじめました。理事長が、かわいがっていたある女性入所者の生理が止まったことに不安をもって妊娠検査薬をあわてて購入し検査したという過去の事実が、その手伝いをさせられた女性職員によって暴露されました。またある時、入浴中の女性の風呂に入ったり、またある女性入所者を裸にして同じ布団に入っていたのを入所者から目撃されて口封じをしていたり、という事実がでてきています。〝被害者〟の女性たちがぽつりぽつりと語りはじめたのです。それらの告発に対し、理事長は動揺してしどろもどろになり、明らかにウソとわかるような弁解しかできませんでした。

複数の女性たちが、明らかに性被害を受けていました。被害者の証言と目撃者ら第三者の証言がでてきました。それを知った親たちの動揺と怒りはすさまじいものでした。「殺す」といって東京から福島まで夜中に車で向かった父親がいました。被害者の母親たちの嘆きは見るにしのびないものでした。

私たちはその性的虐待を刑事告訴しようと努力し、調書作成（テープ録取）を試みましたが、しかし当事者からの被害事実の再現は本当に難しく、私自身苦い体験（私がある被害女性を結果的に追いつめてしまってパニックをつくり傷つけてしまったこと）をさせられました。私たちの力の限界として刑事告訴をあきらめました。受けた被害を語ることは当事者たちにとってどれほど痛ましいものか。自分がその被害を受けたために親が深く悲しみ絶望するさまを見て、彼女たちは「また親を悲しませる悪い自分」に傷つき落ち込みます。彼女たちの苦しさ・痛さは刑事告訴したとしてもとうてい癒しきれず、かえって傷つけてしまうと判断したからです。性被害を受け、そのことで親や周りの人たちを大きく悲しませるという苦しさを受け止め癒すことのできる力を、私たちがもたなかったからです。彼女たちを救えないで性被害だけを問題化することはできませんでした。

3　大分での事件について

この章の最後に、私が取材を受け、協力した大分での知的障害をもつ女性の告訴能力についての裁判と、その毎日新聞の記事を紹介しておきます。

二〇一〇年十二月二日の毎日新聞の「女性の訴え〝門前払い〟」の記事は、知的障害をもつ女性（三〇歳）が強制わいせつの被害を訴えた刑事裁判で、一審の宮崎地裁延岡支部は昨年九月、女性の「告訴能力」を否定し、検察官の起訴を無効とする判決を言い渡しました。「女性には裁判所に訴える能力がない」。公訴棄却判決はいわば「門前払い」の内容でしたが、女性の周辺にはその判断への疑問の声が相次いでいます。

「いやらしいことをされた。怖くて声が出んかった。体も動かんかった」

まもなく逮捕・起訴された男（六一歳）は捜査段階で容疑を認めましたが、公判では「合意の上だった」と否認に転じました。女性は昨年六月、裁判所に出廷しました。

尋問は、傍聴席や被告の間についたてを立てただけで行われました。関係者によると「相手（被告）を許しますか」と尋ねた検察官に女性は「許しません」とはっきり答えました。ですが、聞き手が裁判官に替わり、供述調書と告訴状の意味の違いなどについて聞かれると、黙り込んでしまったといいます。

そしてその三カ月後に出た判決は、被害者の「告訴能力のなさ」を書き連ねていました。「問いが難しくなると、応答が迎合的になる」「告訴状と供述調書の違い、記載内容などを自発的に説明できない」。起訴自体が無効という判断は、女性の周囲に衝撃を与えました。

知的障害者が巻き込まれた事件の情報を集めている「全日本手をつなぐ育成会」（東京）によると、知的障害を理由に告訴能力を問題視されて起訴が無効とされた事件は聞いたことがないといいます。大久保常明常務理事は「知的障害者は被害をうまく説明できなくて泣き寝入りしてしまうことが多い。だが、この判決は告訴能力を否定しており、それ以前の問題だ」と絶句します。「一般人でも告訴状と供述調書の違いをきちんと説明できる方がどれだけいるでしょうか。こんな理由で知的障害者を司法から排除するのなら、司法の役割とはいったい何なのでしょうか」。

前述したとおり、知的障害児・者がもつ障害特性への合理的配慮が必要であるにもかかわらず、それがなく、まさしく差別的に手続がなされてしまった典型的な事例といえます。その意味では、私がこの項で述べている知的障害児者の供述の信用性の問題を早く解決しなければならないことを痛感します。

後日この事件は、毎日新聞記者のこの問題提起の記事によって、告訴能力が認められることになったことを付け加えておきます。

障害者権利条約は、第十三条で「締約国は、障害者が全ての法的手続き（略）において、直接及び間接の参加者（証人を含む）として、効果的な役割を果たすことを容易にするため、手続上の配慮及び年齢に適した配慮が提供されること等により、障害者が（略）司法手続きを利用する効果的な機会を有することを確保する」となっていて、また、二〇一一年の障害者基本法の改正条項の中にも、司法手続きに関して、「個々の障害者の特性に応じた意思疎通の手段を確保するよう配慮する」と、また、「関係職員に対する研修その他必要な施策を講じなければならない」という規定が置かれています。

他の事例でも、とりわけ知的・発達障害がある人は、取り調べ段階における意思疎通への配慮がないために、無実の罪で加害者とされてしまう恐れがあるため、確実に意思疎通の手段を確保しなければなりません。さらに、取り調べに当たる職員が障害特性のことを知っていれば、防ぐことのできるトラブルもたくさんあるのです。

第七章　障害者と労働

障害者権利条約二十七条で、締約国は「障害者が（略）労働についての権利を有することを認める」。締約国は「あらゆる形態の雇用に係る全ての事項（募集、採用及び雇用の条件、雇用の継続、昇進並びに安全かつ健康的な作業条件を含む）に関し、障害に基づく差別を禁止する」こと等のための「適当な措置（立法によるものを含む）を取ることにより労働についての障害者の権利が実現されることを保障し、及び促進する」とあります。

この章では、障害のある人々の働く権利についての二つの裁判を紹介します。

一　日本航空障害者雇用情報開示裁判

1　なぜ日本航空なのか

日本航空を相手に、「法定雇用率を達成していない」ということで裁判を行いました。そして、「和解」の中で実質的には勝ったという成果を得ました。私たち弁護士、あるいはまわりの運動を支えた人たちは自信をもって、この成果を日本航空だけの結果にとどめることなく、広くつないでいこうと思っています。この裁判は、日本における障害者の権利擁護・権利獲得のための大きな力になりうるし、最も重要な裁判になるのではないかと思っています。

労働の分野を私たちは重い課題ととらえています。今までの立法は労働対策的な立法です。障害者雇用促進法も、事業主・企業側の視点に立って、障害のある人たちが職業別にいろいろ訓諫・指導を受けながら、各企業に配属されていくというような、上からのあり方になっています。企業側は、障害者の雇用を経済的利益からみて大変マイナスになるという見方でとらえています。そういう今までのあり方を問題として考えていかなければならないのではないでしょうか。

そういう意味では、障害者の雇用率を達成させるとともに、障害者に対する企業における人権侵害および差別の禁止を実現していくという二つの側面を考えていく必要があります。

まず日本航空の裁判がどういう契機でなされていったのかを見てみましょう。

企業の不当行為を、株主権を行使することで告発、改善を求める株主団体である株主オンブズマンが、これまでいろいろな裁判を起こしてきました。そのなかで、障害者問題は大きな問題だと考えられ、一九九九年十二月十七日、日本航空の経営者三人を相手に損害賠償請求というかたちで、株主オンブズマンが東京地方裁判所に提訴しました。

提訴する前に、この株主オンブズマンたちは、九八年から九九年春にかけて、全国主要上場企業三九九社を対象に、障害者の法定雇用率が達成されているか否かというアンケートを行いました。回答が二四七社で、回収率が六八％。その時の平均の実雇用率は一・五六％で、法定雇用率に達成していない企業が七割でした。九七年には主に上場企業一二三社が総額七億円の納付金を払っていました。その最高額は二八五〇万円、最少額は五万円で、一二三社の平均は五六九万円でした。

このようななか、一九九九年六月一日段階の日本航空の障害者の実雇用率は一・二九％と、当時の法定雇用率一・八％を大きく下回っていました。不足人数一人に対して月額五万円の割合で労働省に支払わなければならない納付金の金額は、一九九八年には年間四六二五万円にも上っていました。しかも労働省（当時）の発表で、一九九九年六月一日現在の民間企業の実雇用率は全国平均で一・四九％。従業員千人以上の企業の平均では一・五二％でした。これと比べても、日本航空はかなり低い会社でした。かつて同社は、全日空とは違って公共機関に近い時代があったわけで、公共性もあります。

世界的に見ると、障害のある人たちが航空会社の社員としてかなり雇用されてきていて、障害者雇用が広がっている部分があります。そのようなこともあり、表現が悪いですけれども、日本航空を標的にしたわけです。

2　提訴に至る経過

オンブズマンのアンケート調査に対して、日本航空の回答はありませんでした。それでやり方を考えて、九九年六月に関西大学の森岡孝二教授が一般株主として日本航空の株主総会に出席して、障害者雇用問題について質問しました。その時に六月一日現在の実雇用率が一・二九%、納付金額が約四六〇〇万円ということがわかったのです。自分たちが調査した結果から見ても極めて低い数字で、見逃すわけにはいかないということで、その後、株主オンブズマンたちは日本航空に対していろいろ通知を出しました。

日本航空の取締役が長年にわたって納付金の支払いを容認してきたことは、障害者の法定雇用率達成義務に違反する、取締役としての違法な行為ではないかというものです。取締役は株主に対する、また会社経営に対する「善管注意義務（善良な管理者としての注意義務）」を負っています。取締役は代理的なかたちで代表に選ばれ、いろいろな企業経営をするときには株主や会社自身に対する一定の善管注意義務があります。その善管注意義務に違反しているのではないか、というような法律上の問題を、株主オンブズマンの弁護士たちが考えました。

そもそも納付金制度のあり方にも大変問題があります。納付金で障害者の雇用を促進するということは、制度自身が障害者雇用を拒んでいることになります。「障害者を雇わなくても、納付金を払っていればいいじゃないか」という企業の姿勢とともに、納付金を払っている金額分の人数が会社としての雇用義務違反ではないかということです。それで、従来からの取締役四名、それと現在の社長らに対して、納付金自身が損害ではないかということで、損害賠償の提起をする通知を送ったのです。

そうすると日本航空はこういう回答をしてきました。障害者の雇用率の算定は業種による除外率がある。日航などの航空運輸業は、二五％（鉄道業とか旅客運行業など）の除外率から算定してみると、実際上は法定雇用率の一・八％に達していないのではない、と。そして障害者雇用促進法に基づく特例子会社「ジャルサンライト」があり、特例子会社で雇用対策に取り組んでいて、東京都の全企業平均の実質雇用率一・二八％を上回っている、と。また、納付金は法定雇用率未達成企業に対する罰金などではなくて、逆に障害者の雇用を助成金のかたちで前進させていて、会社に損害を与えてはいない、と。それで、十二月の訴訟になったわけです。

3　裁判の経過

この訴訟で勝てたいちばんのポイントは、次のようなことです。

日本航空の場合、労働組合で障害者の雇用のあり方などにかなり取り組んできていました。そして、同社が障害者の法定雇用率を達成しているか否かということを、毎年の労働組合の交渉の中でも提起してきていたのです。しかし、取締役会でこの法定雇用率を達成するためにどのような努力をしているかということの説明は、裁判ではまったくありませんでした。

外国ではキャビンアテンダントに障害のある人たちがいる国もあるわけですが、日本ではパイロットやキャビンアテンダントは除外になっています。パイロットが除外になることは考えられるにしても、それ以外に航空チケットを扱う部署やいろいろな職種があるわけです。そこでどれだけ障害者が働いていて、どのように配置されていていてということが日航の説明に出てこないのです。例えば具体的にどこの部署が多く、どこの部署が少なくて毎年達成されていないとか、また、どういう理由で、どこの職場に配分しているかについての釈明を、私たちは裁判で求めてきたわけです。

取締役会でも株主総会でも、障害者の雇用率を達成するための対策、あるいは議論がまったくなされておらず、また、それぞれの職場の中に障害をもつ人たちがどう配置されているかということも、その理由もまったく明らかにされていません。

要は、何もされていない現実が明らかになってきたのです。そこで、裁判では、日本航空の障害者の雇用率達成のあり方に問題があるのではないかということが浮かび上がってきました。

また、私たちは、もう一つの柱として、日本における障害のある人たちの現状を裁判所にわかってもらうための展開もしました。

日本の障害者のおかれている現状がどれだけひどいものであるか。施設での虐待がある上、社会に入っても働けないという二重三重の差別を受けているのです。働いたとしても、職場で長時間いじめを受けながら低賃金で働かされているという現状の指摘。その中で水戸事件のような虐待があったり、障害によって解雇されたり、あるいは不採用になったり、昇進もまったくなかったりというさまざまな実態を、裁判所に指摘していきました。

雇用促進法には、罰則規定はないとしても法的義務があると謳われています。にもかかわらず、日本航空では、取締役会でも株主総会でもまったく取り上げず、しかも、そこで働く人々から障害者の法定雇用率を達成すべきだという運動が毎年あったにもかかわらず、なんら手当をしていないこと自体が問題でした。

当時の雇用促進法自体は事業主から見たあり方で立ててあり、働く人々のための権利規定、あるいは差別禁止規定ではないのですが、障害者雇用促進法の中にも雇用率達成のための法的義務があります。国連の流れや毎年のＩＬＯの勧告もあります。あるいは、従来、雇用率に入っていなかった知的障害者が入り、精神障害者も今後入れていくという流れもあります。また、一般の雇用率も高めていく流れから見ても、やはり日本航空のあり方は問題でした。

そういう状況が裁判官にも伝わるなかで、裁判官自身が日本航空の弁護士と会社の取締役を呼んで、「これは問題ではないか、どうにか考えるべきではないか」というところまで行きました。

その過程で、私たち弁護団の中でも直ちに法定雇用率を達成すべきだというような、いろいろな意見がありました。しかし、法定雇用率を達成させるという裁判で初めて勝った、実質的な勝訴のなかで、不十分な点はまだあるにしても、「これを契機に、日航の次にいろいろな企業をやっていこう、一定の妥協も図りながら和解をしよう」ということになり、和解となったのです。

4　和解の内容

二〇〇一年五月十一日に和解しました。その内容は次のとおりです。

日航 株主訴訟が和解

障害者雇用 改善を約束

ネットで達成率公開

法律で義務づけられている障害者雇用率を達成せず納付金を支払って会社に損害を与えたとして、日本航空の株主グループが同社の兼子勲社長ら歴代社長三人に計一億一千万円を支払うよう求めた株主代表訴訟で十七日、東京地裁で和解が成立した。同社は障害者雇用率を二〇一〇年度に法定の一・八%に引き上げることを約束。その間の達成率を逐次同社のホームページで公開する。原告側は「障害者雇用のあり方に問題を投げかけ、企業活動チェックの役割を果たした」としている。

訴えていたのは株主グループ「株主オンブズマン」（代表、森岡孝二・関西大学教授）のメンバーら。

和解成立後、会見する原告ら（17日午後、東京・霞が関の司法記者クラブ）

和解条項によると、日航は現在一・二九%にとどまっている障害者雇用率について、二〇〇三年度までに全国平均の障害者雇用率一・四九%をクリアしたうえ、二〇一〇年度までに法定雇用率（一・八%）を達成するとしている。法定雇用率達成まで、同社のホームページで雇用率を逐次公開する。

達成企業は5割止まり

厚生労働省によると、民間企業などが障害者を雇用すべき割合を示す現行の法定雇用率が定められたのは一九七六年。一・五%からスタートし、八七年に一・六%、九八年に一・八%に引き上げられた。この間、法定雇用率を適用される民間企業（常用労働者数五十六人以上）の実雇用率（平均雇用率）は、当初の一・〇九%から徐々に上昇、二〇〇〇年は一・四九%となった。

実雇用率が上昇したとはいえ、法定雇用率を達成できない企業の割合は当初から四六～四九%台で推移。一・八%に引き上げられて以降は五五%台にはね上がった。二〇〇〇年は過去最大の五五・七%で、改善に向かっているとはいいがたい状況だ。

障害者雇用を阻害している最大の要因は「法定雇用率を達成できなかった分（一人当たり月五万円）は金で解決すればいい」という企業側の安易とも言える考え。大企業ほど法定雇用率を守っていない面があり、企業側の障害者問題に対する消極的な姿勢がうかがえる。

進まぬ意識改革

国の罰則 機能せず

厚労省の弱腰を指摘する声もある。同省は法定雇用率を達成しようとしない企業に対し、「雇い入れ計画」を出し、その後指導に従わなかった企業には「企業名公表」のペナルティーを科すことができる。しかし、これまでに公表は一九九二年の四社だけ。企業側が「公表」直前に反省の姿勢を示すため、ペナルティーの効力が働いていないようだ。

2001 年5 月17 日付『日本経済新聞』夕刊

①日本航空は、雇用促進法において「すべて事業主は障害者の雇用に関し、社会全体の理念に基づき、雇用の場を与える共同責任を有する」との精神、並びに、それに基づく同法の定めに従って、二〇一〇年を目標に、障害者雇用促進法に定められた法定雇用率を達成するよう努力す

るとともに、この目標達成のために、二〇〇三年度までに現在の全国平均の障害者雇用率を達成することを確認する。

障害者雇用促進法自身が事業主からの見方で成り立っているという限界もあり、「甘い」といわれるかもしれませんが、初めての訴訟で法定雇用率を達成することを確認させたのがまず一つの成果です。

②日本航空は障害者を雇用するために、今後とも職場環境の改善を行う。

就労を支援するための補助機器などを導入する支援態勢や環境整備の推進を確認するということも含まれます。

③法定雇用率達成に至るまでの間、その年度の雇用率達成状況、毎年どのように雇用率が上がっていくかをホームページで一般に公開する。

この三つの柱で和解が成立したのです。

二　障害者雇用促進人権センター

1　五つの柱で提案

これを契機に、弁護団や支援してきた関係者も含めて、障害者雇用率を達成するための障害者雇用促進人権センターをつくろうということになりました。人権センターは五つの柱で、裁判などを通して、活動していくことになりました。

一つ目の柱は、株主総会などで株主として障害者の雇用率達成のための権利行使をし、企業の社会責任を果たさせること。

株主オンブズマンもいますので、例えば株主総会などで手を挙げて、今年度はどのくらいまで雇用率を達成しているかなどの質問ができます。株主代表訴訟は裁判ですから制限させられますが、総会なら少数株主でも発言できますから、企業の株を買って、行おうということでした。

二つ目は、厚生労働省の法定雇用率達成状況の情報公開です。未達成の企業名を公表したのはたった一回だけ、しかも数社だけでした。

三つ目の柱としては、各企業が障害者雇用を果たそうとしているかを調査して公表したり、問題企業に対して株主代表訴訟をしたりすることです。

四つ目は、厚生労働省に定期的に障害者雇用拡大のための交渉をすること。

実際上この裁判を和解で勝ったときも、あるいはその前も、私たちは必ず旧労働省と交渉をして、情報公開を迫ってきました。その交渉のなかでも、日本のような雇用割当て法がいいのか、あるいはイギリスが割当て法を廃止して、DDA（障害者差別禁止法）というかたちで行っていて、そういう形がいいのかというところも含め、同省と定期的に交渉をするのです。

五つ目は、法定雇用率達成のための政策提起をしていくこと。

2　障害者雇用情報公開訴訟

障害者雇用促進人権センターが手掛けたのが、二〇〇二年三月十四日に東京地裁に提訴した各企業の障害者雇用情報公開の訴訟です。

この情報公開の訴訟に取り組むときに私たちが考えたのは、まず企業を相手にするかどうかということでした。しかし、障害者の雇用率がどうなっているかは、厚生労働省が情報公開しないとまったくわからないという状況があります。そのため、まず情報公開訴訟を進め、その後、すべてを公表させて、その中で雇用率が低い企業を対象としようということになりました。まず裁判に勝って社会的に広げていくことが重要なのであり、全体の雇用率の状況から見て低い企業を裁判で明らかにさせるという意味で、情報公開の裁判を行い、全体状況を明らかにさせた上で低い企業を狙おうということになり、この訴訟に至ったわけです。

この訴訟に関係した人には障害のある人たちもいます。その中には、「自分もある会社に行っているけれど、しょっちゅういじめられたり、忘年会や新年会とかまったく誘われず、ほとんどお茶汲みなんかできない状況にもかかわらず、お茶汲みを強要されたり、まったく仕事にならないような仕事をさせられている。ぜひ自分の会社を訴えたい」という話をする人もいます。そのような実態を雇用率の関係で考える上でも、雇用率が低いところの情報が必要なので、まず情報公開の訴訟をしました。

訴訟は、全国規模で行うことにし、東京・名古屋・大阪の三カ所としました。大阪は株主オンブズマンたちが、日航の訴訟を最初に東京地裁に提起したところです。しかも、大阪では株主オンブズマンたちはいろいろな裁判に取り組んでいて強いということもありました。ここでは株主オンブズマンの会員で、公認会計士の桑野実氏が当事者になりました。名古屋では養護学校での体罰事件を担当した障害問題人権弁護団の会員であった中谷雄二弁護士に声をかけたところ、若手弁護士が名古屋の弁護士会で高齢者障害者特別委員会に入っているので、その弁護士が原告になろうということになりました。東京ではＤＰＩ（障害者インターナショナル）日本会議権利擁護センターの金政玉《キムヂョンオク》氏に頼みました。それで最初、三者がそれぞれ各労働局に情報公開の申し立てをしたわけです。

3　労働局「不開示」決定

まず二〇〇一年四月二日に大阪の労働局長に、また二〇〇一年十月七日、金氏が東京労働局長に対して二〇〇〇年度の障害者雇用状況報告書の開示を求めました。そして、十二月に愛知の労働局長に対して開示を求めました。しかし、いずれも「不開示」という決定を出してきました。それで、この不開示決定に対して、審査請求をしました。

不開示の理由はみな同じで、「障害者雇用状況報告書をすべて開示すれば、障害者雇用促進法による障害者雇用率未達成企業に対する勧告などの行政手続を経ずに、同法第十六条に基づく公表とほぼ同様の社会的制裁が与えられることになり、障害者雇用率制度における事業の適正な遂行及び運営に支障をきたすことになる」というものでした。つまり、厚生労働省が以前に公表したかたちと同じようにやらないで、実際上これを労働局が公表してしまうと、この十六条（「この計画（障害者雇用計画）を作成した事業主が正当な理由なく厚生労働大臣の勧告に従わないときは、その旨を公表することができる」）と同じような社会的制裁が与えられることになるから、雇用率制度における事業の適正な遂行や運営に支障をきたすということ。これがまず一つです。

もう一つの理由としては、「障害者雇用率が未達成であることが公になるということは、当該企業の社会的評価や社会的信用度の低下につながる可能性があり、企業活動を阻害し、正当な利益を害するおそれがある」というものです。

私たちはこれに対して異議申し立てをしました。障害者雇用の現実を見ると、企業は雇用率を達成せず、働きたいのに働けない障害をもつ人たちが差別され、働ける人たちも、働かせてやっているという意識のなかで、虐待や長時間低賃金労働、いじめがあるという実態を提示して、展開していったのです。

まず「障害者雇用の重要性」を訴えました。障害者雇用は、企業活動を行う会社にとって、社会的弱者との共生という点から最重要な課題であり、法による強制を待たずして自律的・自発的に社会的に求められる雇用義務を果たすべき責務があるとしました。

二番目に、「障害者法定雇用率の制度は何なのか」という点を論じ、「法定雇用率は、従来『努力目標』であったけれども、法定雇用率を達成するということは『法的義務』である」と訴えました。

三番目は、「長期間にわたる法定雇用率未達成の継続」についてです。「昭和三十五年より、民間事業所について努力義務として定められていたが、同五十一年の同法改正により法的義務となり、雇用納付金制度が定められた。しかし、同法の対象となる日本の民間企業の大半は、努力義務が定められた昭和三十五年からは四〇年以上、納付金制度が創設された昭和五十一年以降二〇年以上もの長き期間を経過した現在に至っても雇用率を達成していない」と論じ、さらに、「平成十三年六月一日現在においても一・四九％にとどまっており、五六・三％の事業主が未達成となっている。なお、昭和三十五年、身体障害者雇用促進法が制定された当時、衆議院社会労働委員会で、『雇用率については逐年これが拡大改善をはかり可及的すみやかに法定するよう努めること、並びに身体障害者雇用率については三年以内の計画で完成することとの附帯決議がなされている』にもかかわらず、四〇年以上もの長期間にわたって、未達成状況が継続している民間事業所の責任は重大である」とし、続けて、「公の機関の雇用率達成を勧告したという状況から見ても、民間企業の過半数がかくも長期間、法定雇用率の未達成を放置し、雇用納付金を納め、金で障害者雇用を代替することを続けていることは、障害者の人権を軽視するものであって、個人の尊厳を遵守すべき公序に反し到底許されるものではない」と訴えました。

4　国の公表制度と私たちの情報開示とは目的が異なる

私たちは以上のことを総論的に提起してから、労働局の不開示のそれぞれの理由に対して、国へ二つの反論を述べました。

障害者雇用促進法の十五条一項は「厚生労働大臣は一般事業主に対し障害者の雇い入れに関する計画の作成を命ずることができる」とした上で、同法十六条は「この計画を作成した事業主が正当な理由なく厚生労働大臣の勧告に従わないときは、その旨を公表することができる」となっています。障害者雇用促進法の公表の制度は、「法定雇用率未達成の事業主並びに雇用率等の障害者雇用状況を公表するものではなく、障害者雇用計画作成を義務づけられた事業主が、厚生労働大臣の適正実施勧告に従わないときに、勧告に従わない旨の事実を公表する制度」というものです。

ということは、法定雇用率未達成事業主のうち、特に悪質な事業主への制裁的な公表を目的とするものであって、私たちが情報公開を求めている法定雇用率達成状況の公表とは、公表の対象が異なるわけです。

国側は「これ以上の公表をやるとなると、実際上の公表と同じようなことになり、障害者雇用率制度における事業の適正な遂行及び運営に支障をきたす」といっています。しかしその点においても、そもそも国の制度の「公表」とは、勧告されているにもかかわらず、それに従わない悪質な企業を公表するという制度です。このことから見て、私たちが取り組んでいる情報公開の趣旨とは違います。

しかも、障害者雇用促進法の公表は、一九九一年に四事業主になされたわずか一回限りです。政府の答弁で罰則規定を設けるべきだといった議論があるなか、公表すれば、罰則など設けなくても一定の障害者雇用の推進力になるということで、罰則規定が控えられて公表制度に替わったわけですが、一九九一年以降、その公表をまったくやっていないのです。日航の裁判を和解で勝ったときにも、公表することに官僚当局はまだ躊躇していました。

しかし、法定雇用率制度が定められてから四〇年以上経過した当時においても、過半数の事業主が未達成のままという現状を考えるなら、未達成事業主の障害者雇用状況を積極的に情報開示することが同法の目的とする障害者雇用促進に資することは明白です。

国の公表制度と我々の情報開示とは目的が異なっていて、むしろ障害者雇用状況を公表させるということは、障害者の雇用を促進させるという目的もからんでいるのです。

これが不開示理由に対する、一つ目の反論です。

次にもう一つ。国は「企業の社会的評価、社会的信用の低下につながる可能性があり、企業活動を阻害し正当な利益を害するおそれがある」といっていますが、そのような「おそれ」はありません。むしろこの国の回答こそ、障害者に関する日本の法律の基本は何かということを表しています。企業側から障害者の雇用を少しずつでも、いわゆる慈善的に保護的に増やしてあげるという認識がまさしくここに出てきているのです。

これはまったく違っていて、障害者雇用は、社会的弱者との共生という、社会共通の理念の下に法の強制をまたずして自律的・自発的に求められるものなのです。世界中の障害者の労働に関する規定でも、ＡＤＡ（アメリカ障害者法）法的な、あるいはＤＤＡ的な、あるいはスウェーデン型的な雇用における差別を禁ずる法制度がいろいろと進んでいます。そういう国際的潮流にもかかわらず、日本は非常に遅れていて、まさに人権侵害状況にある、ということも展開しました。

こういうなかで障害者雇用促進法は、法定雇用率を事業主に対して法的義務として定めています。それが未達成であることは、社会的に重大な義務を怠っているのではないでしょうか。雇用率が低いということで、社会的評価や社会的信用が低下するのは当然でしょう。法を遵守しない事業主の障害者雇用状況を公表することは、何ら企業活動を阻害するものではないのであり、雇用率が低いということが、むしろ企業活動を阻害するものであって、法を遵守しない事業主の公表は事業主の社会的責任に対するペナルティとしては当然です。まして公表されないということが、事業主や企業にとっても、正当な利益であるはずがないことは明白なのです。

要は、行政が法定雇用率を達成していない企業の障害者雇用状況を不開示とすることで、障害者雇用をないがしろにしている事業主を積極的にかばっているということなのです。行政がかばっていること自体が問題であるということも、この審査のなかで展開しました。

そして、二〇〇二年十一月二十二日、情報公開審査会により「障害者雇用状況報告書」と「雇用率未達成企業一覧」につき、個人情報に該当する部分を除いて各企業の障害者の雇用状況を開示すべきとする画期的な答申が出ました。

これを受けて厚生労働大臣が二〇〇三年一月三十日、「障害者雇用状況報告書」、「雇用率未達成企業一覧」の開示決定をしました。しかし、これに対して、同年二月四日に対象企業から審査請求、執行停止の申立があり、これを受けて厚生労働大臣は審査をしたその結果、同年六月に厚生労働大臣は改めて開示する旨の裁決をし、同年九月八日、各労働局は、各企業の障害者雇用状況を開示したのです。

そして情報公開訴訟のほうは、同年五月十六日、東京地方裁判所において判決が出され、上記情報公開審査会答申の判断を追認したもの、一部勝訴で終わった次第です。

5　差別禁止法の立法化を

日航の訴訟と情報公開の審査を中心に述べてきましたが、実際、私たちは日航の和解で獲得したことも踏まえながら、この情報公開の裁判で障害者雇用率状況を公開させるとともに、雇用率の低い企業を相手に全国的に一斉提訴をするつもりでした。

池原毅和《よしかず》弁護士が二〇〇〇年にワシントンで行われたDREDF（Disability Rights Education & Defence Fund）主催の差別禁止法国際会議に参加しました。この時、世界で四〇カ国以上が、差別禁止法を制定していました。その中身を見ると、罰則規定を設けた国があったり、あるいは憲法に障害者差別禁止規定なものを入れてみたり、また民法の中に障害者差別禁止条項を入れたり、あるいは社会福祉立法の中に入れたりしています。

日本はどうすべきか。日弁連でも種々議論し、その実現に努めてきましたが、二〇一三年六月にようやく差別解消法が成立し、二〇一六年四月に施行予定となっています。なお、雇用に関しては差別解消法でなく、障害者雇用促進法に差別禁止と合理的配慮に関する規定をもり込み、対応することになっており、同じく二〇一六年四月に施行予定となっています。

三　ヤマト運輸自閉症者自殺事件

1　事件の概要

Nは幼児期に知的障害を伴う自閉症と診断され、中学の途中から障害児学級に移りました。しかし、数字や時刻表、辞典などについての記憶力は優れていました。定時制高校に進学し、中退後、障害者の認定を受け、一九七六年から婦人服会社、食品会社などで二六年間働きました。

二〇〇二年一月、二六年間コツコツと働き貯蓄した一四〇〇万円を元手に、四〇〇〇万円のローンを組み、二階建ての自宅を建設しました。同年十一月、宅配便大手の関連会社（ヤマトロジスティックス）に「障害者枠」で転職し、宅配物の仕分け作業を担当していました。そして、二〇〇五年三月四日の朝、自宅で首を吊って自殺しているのが発見されたのです。

Nの母親は、Nが自殺したのは、障害者への会社の配慮不足により、Nのプライドがズタズタにされたことが原因であるとして、会社を相手に損害賠償を求め、提訴しました。一審では請求を棄却されましたが、二〇〇九年九月三日、東京高裁で次の内容の和解が成立しました。

2　和解条項

一　参加人、訴訟の結果について利害関係のある第三者が属するヤマトグループは、長年にわたり、地域の福祉施設（特別支援学校、作業所）や行政機関（ハローワーク等）と密接に連携し、また専門家のアドバイスに基づき、障害者の雇用環境の改善のために日々努力をしてきたところであるが、参加人は、今後もノーマライゼーションの理念に基づき、障害者の雇用環境の改善に係る取組み（障害者職業生活相談員、ジョブコーチの配置等の専門的な知識を持つ者の配置等）を強化するために、努力を続けることを表明する。

前項の具体的な取組みとして、参加人は、障害のある者を雇用しこれを継続するにあたり、次の事項の実践に努める。

①従業員に対し、障害に関する基本的な知識及び配慮事項を周知するため、外部講師を招く等により、社員教育を実施すること。
②必要に応じ作業環境及び作業手順の構造化を行うなど、本人の障害特性を配慮した個別のプログラムを策定し、これを実践すること。
③本人の職場への適応が困難な場合、地域福祉施設や行政機関等に相談したり、ジョブコーチ等の活用により、本人の障害特性を考慮した職場適応を図ること。
④家族との連絡、調整を、積極的に行うこと。

二　被控訴人は、控訴人に対し、本件解決金として、支払義務のあることを認め、これを平成二十一年九月三日限り、控訴人代理人の口座宛て振り込んで支払う。

三　控訴人は、被控訴人に対するその余の請求を放棄する。

四　控訴人と被控訴人との間で、本件に関し、本和解条項に定める外何らの債権債務のないことを相互に確認する。

五　訴訟費用は一、二審を通じ各自の負担とする。

3　自殺の原因

私たちは、Nは知的障害と自閉症をもっているので、職場では過度な心理的負荷をかけないように特別に配慮する義務があるにもかかわらず、会社はその義務を履行してこなかった、そのためにうつになり、自殺してしまったことを主張しました。

Nは自殺する直前、会社で、上司、同僚の前で、作業現場の紐を首に巻いて自殺しようとしたのです。自殺未遂をしたその時点で、Nが死に至る予見可能性は十分にありました。一部のまわりの従業員のみがこれを知って、上司がこれを知らなかったと会社は主張していますが、これには重大な過失があり、自殺を防止すべきであったにもかかわらず、これをせず自殺させてしまったというのが私たちの主張でした。

知的障害と自閉症をもつNは、過度な心理的負荷と障害負荷をかけられると働くことができず、心身共に疲労が増し、ノイローゼとなってうつとなり、ひいては自殺にまで至ることは十分に考えられました。Nに対して、このように自閉症に対する特別な配慮がなかったため、過度な心理的負荷と障害負荷がかかり、その結果、精神症状が悪化してうつになり、とうとう職場において助けを求め、上司や従業員が見える場所で紐を首に巻き、自殺しようとしたのです。

しかし、このNの叫び、求めを誰も相手にしてくれませんでした。これは明らかに会社に特別な配慮義務違反があったと法的にもいえるのです。

それにもかかわらず、会社は、母親に連絡したり、自殺を防止することもせず、Nの精神症状を一層重篤化させ、結果として自殺させてしまいました。会社で自殺を図ったことで、会社に対して自殺への予見可能性を生じさせたのです。

4　障害者の特性を無視した判決

ところが、裁判所の一審判決は、「確かに、長時間の過重労働が継続した場合や労働の態様、形態自体が危険なものである場合には、疲労や心理的負荷等が過度に蓄積することで労働者の心身の健康を損なうおそれがあり、うつ病への罹患又はこれによる自殺が生じうることは通常生ずべき結果であると言いうる……、これに対し、そのような場合（知的障害を有する自閉症者の場合＝著者）にも、予見可能性の対象について同様に考えてよいかが問題となる」と述べ、健常労働者の自殺過労死に対する安全配慮義務違反に基づく損害賠償事件、著名な最高裁判決もあるいわゆる電通事件などで確立している基準を述べています。

しかしながら、本件は知的障害のある労働者に特別な配慮がなされてこなかったことから労働者が自殺してしまった事件です。

一審は、知的障害をもつ労働者であることを考慮し、一見健常者と異なる判断枠組みを持ち込んでいるものの、その判断枠組みに対する考え方が根本的に誤っていて、従来の健常者を基準として、原告敗訴の判決を出しました。

「心理的負荷の蓄積によって自殺が生じうること」自体は健常者も障害をもつ者も異なりません。そして、その「心理的負荷」の点において、自閉症のNに対しては、健常者と異なった特別な配慮がなければ負荷を与えること、その負荷の程度が健常者と異なり、過重となることについて配慮されなければならないのです。

ところが、一審判決はそうではなく、予見可能性については、健常者の長時間労働などによるうつ、自殺過労死事件と同じように判断したのです。健常者の職場での長時間労働などによる自殺に至る危険性の認識と同じような基準を設定し、これに基づいて判断し、Nの場合はその危険性はないとしてしまいました。Nが知的障害をもつ自閉症者であることを全く考慮しなかったのです。

従って、一審判決は「疲労や心理的負荷等が過度に蓄積しているか」の点について、「長時間の過重労働」など、健常者が自殺を起こし得るような危険な状態の発生のみを検討し、知的障害をもつ自閉症の労働者の場合の特殊性を検討していません。「職務の内容も当該作業グループの中で一番簡単な手間のかからない作業であるから、それ自体としてうつ病を発症させるような過重な労務でないことは明らかであるし、強い心理的負荷のある仕事であるということができないことは明らかである」として、Nの障害特性を配慮せずに、健常者の概念での過労死自殺事件と同じような判断基準のもとで、敗訴としています。

特別な配慮がなければ、Nのような知的障害、自閉症をもつ労働者は働くことができないことを全く認識していません。

自閉症の専門医師太田昌孝先生に鑑定意見書を出してもらい、太田先生はその中で「Nは軽度の知的障害と自閉症を合わせ持つ障害者であり、性格の特徴としては、対人交流の相互性に欠けており、言葉も適切にかつ柔軟に表現が出来ずかつ相手の意図をくみ取ることに困難さが有り、几帳面さが目立ち、生活はひとたびパターンが出来ると容易に換え難いこと、あることを思いこむとそれについても頑強に固執することなどがあげられる。感覚の過敏さも併せ持っており、青年期まで多かれ少なかれ続いていた」と指摘しました。この性格の特徴は、入社当時も継続していたと断言できます。

判決文の内容から、Nはヤマトロジスティックスに障害者枠で入社したことが明らかとなっています。しかし、入社について、どのような性格特徴をもった障害者であるかについて、ヤマトロジスティックスがNおよびNの家族に対して行った事情聴取は全く不十分です。そのため、判決文には、Nに対して職場でどのような配慮をしたか会社側からは示されておらず、現場の上司や同僚が個人でNの障害を推察して、対処した状況が示されています。

現場では、知的障害と自閉症を併せもっている障害者とは知らず、本人の状態から判断して、Nに簡単な仕事を割り当てたことで配慮したとしています。知的障害を併せもつ自閉症者の場合には、多くの場合、与えられた仕事を、黙々としてこなす性格特徴を持っています。このこと自体は自閉症者のよい性格特徴です。しかし、しばしば、マイナスの効果を生むことがあります。仕事が与えられれば、休むことなく黙々と働き、手を抜いたり、休んだりするのを知らず、疲労困憊に陥ることとです。そして、そのことを誰にも伝えないで徐々に疲弊が強まることがあります。知的障害を併せもつ自閉症者においては、よかれと思うことがマイナスにもなることがあるのです。

Nの場合は、ペースを知らず、仕事が示されれば、その示された仕事を際限なく続けるパターンに陥りやすい特徴をもっていました。この場合には、上司が適当な時間で仕事を中断し、休憩などの指示をすることにより、悪循環を回避できます。

それゆえに、自閉症の特徴、特に弱い部分を踏まえた援助体制が必要となり、これが保障されなければ、Nのようにストレスを増し、障害の負荷を大きくし、うつやノイローゼや行動上の問題を引き起こし、ひいては自殺等に至りかねません。障害者権利条約では、合理的配慮がないことが差別としていることから考えても、自閉症者が職場で働くには以上のような配慮が必須なのです。この配慮がない場合は働くことが困難になります。

第一審の判決やヤマトロジスティックスの主張では、同社は、Nが自閉症をもっていることを知らなくてもいいかのような認定および主張をしています。障害のある人々が働くために、企業側が障害のある人の障害種別を知ることは、最低限の義務、要件、配慮です。これを軽視した第一審判決は了解しかねました。

ヤマトロジスティックスは、Nの母親との間で連絡を緊密に取り合っていなかったと認められます。障害者本人の状態を知るためには、家庭との連絡を緊密に取り合い、家庭における障害者の状況を見て、職場においてなすべき必要な配慮を認識することが必要です。また、職場での状況を家庭に伝えることにより、家庭でのフォローを促すことにもなります。通常はヤマトロジスティックスは、Nの母いて職場と家庭とでやりとりをするケースが多いのですが、ヤマトロジスティックスは、Nの母親に対して連絡をとる体制をとっていませんでした。

Ｎが入社する際の最初の時点から、Ｎの障害の内容と特徴をきちんと把握していなかったこと、ストレスなどの状態について組織的なモニターのシステムのなかったこと、そして、母親に対する連絡の体制の欠如から、Ｎにとっての適切なる配慮がはじめからできていなかったと考えられます。

５　会社に求められるもの

労働者がどのような障害をもつかにより、会社側が行うべき配慮は異なってきます。障害をもつ者が障害のない人と同様に働くためには、会社側が履行しなければならない特別な配慮が必要であり、この配慮がない場合は、働くことが困難になります。例えば、一般的に目の見えない人には点字が、耳の聞こえない人には手話が必須であることと同様に、Ｎのような自閉症者の場合は、ジョブコーチという援助者が必要なのです。

仮にジョブコーチという援助者を自閉症者につけられない場合は、自閉症の特徴、特に弱い部分を踏まえた援助体制、セーフティネットが必要となり、これが保障されなければ、Ｎのようにストレスを増し、障害の負荷を大きくし、うつやノイローゼ、ひいては自殺等に至るのです。自閉症者が職場で働くには、以上の配慮が必要です。

会社が、就労者の障害特性、その障害の程度、就労における配慮事項、健康状態、体調等、その障害者に関する情報を十分に把握しなければ、時に障害者自身の生命身体に危険が生じるおそれがあるのです。そのような事態にならないためにも、最初の面接時とその後会社で働いているときの情報把握は重要です。

会社が一般就労とは別に、「障害者枠」による就労を認めることは、就労する障害者が安全に働くための情報収集を行い、その情報に従って適切な職場環境をつくる責任を負うものです。自らの意思表示に困難を伴う障害者の場合は、職場の上司・責任者が障害者の行動を把握した上で、障害者本人が認識している仕事の内容理解に誤解がないか、本人の能力向上のためにいかなる配慮が必要か等の考慮が必要であり、そのためには、入社時に、就労しようとする障害者の障害特性やその程度を把握することは必須でしょう。

しかし、ヤマトロジスティックスは、障害者枠でNを雇用したにもかかわらず、一審判決が、Nが自閉症であったことは知らなかったとの認定をしていることからみても、その面接は十分ではありませんでした。仕事の内容等の説明はNと母親に行いましたが、積極的にNの障害についての情報を収集していなかったのです。

それにもかかわらず、一審判決はこの点について、「被控訴人会社は自閉症であることを知らなかった」として済ませ、障害のある人が職場で働くために必要な障害の特性を把握しなくてもいいというような、障害のある人々の立場や人権について配慮や考慮も全くない、重大な誤った認定をしており、この点からも一審判決は破棄しなければならなかったのです。

6 特別な安全配慮義務違反について

もう一つ、Nに対する厳しい指導も、いじめとして自殺の原因となっています。この点、太田先生は、「私は、第一鑑定意見書において、いじめの意図がないにしても、相手の心を読みとりにくく、相手の言葉や抑揚や表情から意味を取りがちな自閉症をもつ本人にとっては、その言葉の調子により引き起こされる困惑と不安は多かっただろうと推察される」と述べ、さらに、「知的障害を伴う自閉症者に対しては言葉でのコミュニケーションが困難であることから、言葉を使うにしても理解の段階に応じた簡単な言葉を用いたり、時には言葉と共にジェスチャー、絵、写真など、その障害者の理解できる手段を用いてコミュニケーションを図っていく必要がある場合もある。自閉症がいる職場に於いて、意識的に自閉症とのコミュニケーションを適切に行える職場環境を整える必要がある。単に障害者の周りの同僚などの善意の心掛けだけでは不十分なのである。自閉症を有する知的障害であることに応じた具体的な配慮について、会社側からの陳述はない。本人への会社側の仕事上の配慮は、一人ひとりの判断に任されていたと推察される。この様な状況から判断すると、その程度がわからないが、仕事についての厳しい指導があったことは事実と考えてもよいであろう」と述べています。

自閉症では、一般的な会話の中でも言葉の意味を適切に理解できないことが多く、ましてや厳しい口調の言葉かけは聴覚に対する過敏さをもっている自閉症にとっては、非常な苦痛となることがあります。Nはこのような状況にしばしば置かれたに違いないと思われます。にもかかわらず、Nの職場においては、このような特性をもつ知的障害および自閉症のNとの間のコミュニケーション手段に対する配慮が、全く考えられていなかったことがわかります。

Nが上司からの言葉に対して、困惑と不安を多く抱えたことは想像にかたくなく、Nにとっては厳しい指導が存在したと考えられるのです。自閉症をもったNの特徴を把握することに努めなかったことが、この悲劇の始まりであるかもしれません。

上記の自閉症の特徴により、コミュニケーションがうまくとれないことが大きなストレスの要因にもなることから、健常者にとっては厳しい指導であったとはいえない指導であったとしても、配慮がない指導が行われた場合には、自閉症者には大きなストレスの要因にもなりえるのです。自閉症がもつ特徴を無視した会社側の指導は、自閉症者にとっては厳しい指導になるのであって、このような厳しい指導がストレスとなり、抑鬱の大きな原因となったといえます。

一審判決は、原告の主張する「Aによるいじめや嫌がらせについては、そもそもその主張自体曖昧で漠然としている上、これを裏付ける具体的な事実の指摘が不十分で、証人Aや証人Sの証言内容等に照らし、上記いじめや嫌がらせがあったとの事実はこれを認めるに足りないという他ない」などと判断しています。

しかし、上記の太田意見を踏まえると、Nに対するAら会社の、Nの障害特性に対応したコミュニケーションの特別な配慮が欠落していて、Nはそのことによって精神的に追い込まれたことは明らかであり、この点においても、一審判決は障害者のある人に対する特別な配慮に関し、全く理解のないものといわざるをえません。

7　雇用形態の変更についての判断

この点は雇用形態の変更についてもそうです。一審判決は、以下の事実を認定・列挙しました。

・二〇〇四年十一月十六日のNの契約更新の際、時給を八五〇円から八四〇円に変更することとなり、その旨の告知についてNから特に抵抗は示されなかったこと。

・二〇〇五年二月二十八日、Sは翌日から午前十一時に出勤するよう指示したが、これに対してNは特に反応を示さなかったこと。

・二〇〇四年九月、従業員が来年の五月の雇用見直しを告げたが、原告母はNの様子について被告担当者に伝えることはしなかったこと。

・二〇〇五年三月一日、タイムカードの前で「給与が下がるので会社を辞めて給与の良い所に行きたい」の発言を行ったので、上司が同日午後原告に電話を掛け、契約時間どおり勤務してもらうため、Nの労働時間を短縮したことと、それに対するNの上記発言内容を伝えたところ、これに対して原告母は、Nによく話しておくということを述べたが、被告の担当者に連絡することはなかったこと。

・原告の住宅ローンのことなど、被告の担当者に話したことはなかったこと。

以上の点を挙げ、問題がなかったと認定していますが、この点にも大きな問題があります。まず、Nは時間短縮が告知された日、帰宅後、目に涙を溜め不安定な言動に終始し、その後、数日考え込むという精神的落ち込みを見せています。このような状況下では一般の人でも強い情緒的反応が出ることが予想されますが、Nのような自閉症をもつ者には、変化に対しては強い抵抗があります。業務内容の変更は困難、パニックをもたらしますし、勤務時間や勤務日の変更には困難といった特性が存在し、このような告知を受けた際、内面においては強い抵抗を示したことに疑いをさしはさむ余地はなく、前述した落ち込みの症状からも明らかです。

勤務条件変更を告知した直後に、家族にその旨を報告することが求められますが、それすらなされた形跡はなく、会社において必要な特別な配慮がなされた形跡も見当たらず、時間短縮については前日に突然告げているという点からも誤っています。前述の厳しい指導と共に太田意見書でもこれらの点を指摘しています。

太田意見書は、賃金切り下げおよび労働時間の短縮の告知の過程について次のように述べています。

Nは平成十六年九月I氏から来年五月の雇用の見直しが告げられ、真面目で仕事に一途の情念をかけてきて、さらには給料が減ることについての極度な怖れと不安を母親に表現している事は、判決文からも知れる。

内面において、著しく強い抵抗があった事が十分考えられ、告知の内容が十分に理解されなかったか、あるいは適切な対処の言葉が出なかった可能性が考えられる。

Nは短縮を告知された日、帰宅後、目に涙を溜めて不安定な言動を終始したり、その後数日考え込むなど精神的に落ち込んでる様子を明らかにし、このようなNの様子は時間短縮に対する強い抵抗を端的に示しており、そのストレスは大変大きなものであったことは想像にかたくない。

そして、Nに対してこのような強い抵抗を与える雇用条件の変更の告知について、家族との連携をとった上でなされていなかったことを判決は明らかにしている。

なぜ雇用条件の変更が必要なのか。変更の結果どうなるかなどについて本人がその内容を理解し納得する方法で説明を行う必要があるが、会社がNに対して告知を行うにあたり、このような配慮を行った形跡はない。仮に家族への事前説明をすることは出来なかった場合に、少なくとも実際に雇用条件の変更の告知をした直後に、家族である母親にその旨を報告し、その後の会社の対応について家族と相談すべきであるが、このような配慮がなされた形跡もまったくない。

このように、雇用条件の変更を告知する方法としても知的障害を有するNに対する配慮を全く欠いたものであると言わざるを得ない。

このようなヤマトロジスティクスの不適切な対応が日常業務における本人にとっての厳しい指導と相まってストレスを増大させていったと考えられる。

以上のとおり、太田意見書は、知的障害をもつ自閉症のNの障害特性に応じた判断をしていて、まさしく、一審判決がこのような点を欠いた不適切なものであることが明らかにされています。

前述のとおり、二〇〇九年三月、一審判決の健常者を基準とした判断は覆され、障害のある人びとへの特別な配慮、すなわち合理的配慮義務の必要性を認めた二審の判断によって和解が成立しました。

第八章　重度の障害児・者の人権
――逸失利益について最低賃金が認められた和解、判決

一　札幌自閉症児交通事故裁判

1　事故の状況

T君は、二歳半のときから自閉症と診断されて、事故当時は、札幌養護学校の高等部二年生でした。高等部一年の十月から、「特定非営利活動法人小さい種の会」と発達支援契約をし、週一回くらいの頻度で利用していました。

二〇〇五年八月十日午前十一時十分頃、国営滝野すずらん丘陵公園内（北海道札幌市南区滝野五十八番地）の事故現場近くのバス停でバスを降りる際、「小さい種の会」のヘルパーNは、運賃を支払うことに気を取られ、T君の手を離していました。また、もう一人のヘルパーはバスの後ろに座っていました。そのため、T君はバスを自分で降りると、バスの前を横切り、道路に飛び出してしまったのです。

Nおよびバスの運転手は、単に声を上げただけで、T君を追いかけ、交通事故に遭わないように確保するなどの行動を取りませんでした。T君は、折から現場道路を走行中のHの運転する普通乗用車と衝突し、大動脈破裂により死亡してしまいました。

事故現場のバス停は、バスが停車するための引き込みスペースがないため、バスのすぐ前方を横切る人がいても、バスを追い越そうとする後続の車の運転手が横断者を確認することが困難な状態になっていました。

また、公園には横断歩道を渡らなければ行けないようになっているにもかかわらず、事故現場のバス停は、バスが横断歩道の上をまたがって停まる構造になっていました。このバス停の利用者は公園の利用者が多いのですが、上記のようなバス停の構造上の不備のため、バスから降りた乗客は、バスが止まっている限り横断歩道以外のところを渡らざるをえなくなっていたのです。横断歩道でない場所を歩行者が横切ると、車の運転手がこれを避けるのが難しい構造となっていたわけです。

2　被告「小さい種の会」および被告Nの責任

T君の父母は、「小さい種の会」、加害運転者、不適切なバス停を設置したバス会社を被告として、二〇〇七年四月六日、札幌地方裁判所にT君に生じた損害を賠償すべきとして訴えました。

「小さい種の会」は、障害児の発達を支援する障害児施設です。事故は、「小さい種の会」がその事業のために使用するヘルパーであるNが、「小さい種の会」の行う事業の一環として、障害児とともに外出した際に起きたものです。

T君は自閉症と診断されています。T君の事故と関連しますので、自閉症について説明しておくと、先天性の脳の機能障害と考えられていて、全般的な知能の遅れがあるわけではなく、特殊な認知・知覚・言語の障害が基本にあると考えられ、それゆえに、人との接触や物の認知等に問題が起こります。また、言葉の遅れと歪み、社会性や対人関係の障害、情動的行動、変化に対する嫌悪等の特徴があります。対人関係の障害では、他者に興味や関心を示さず、他人と視線が合いません。コミュニケーションにも障害があり、発話の遅れに始まり、話し言葉が出はじめると、他人が話した言葉を繰り返す反響言語が現れます。また、想像力に障害があり、こだわりが強く、同じ場所で回り続ける、前後に体を揺するという繰り返し行動が起きます。情緒的には不安定で、パニック、てんかん、衝動的行動、多動がよく見られます。突然走り出すこともあります。さらに、いらいらして頭をぶつけたり、手を噛んだりする自傷行動が見られることもあります。

被告「小さい種の会」、およびNは、T君もそうであったことを十分認識し、これに特別に配慮して、不慮の事故に遭わないように注意すべき特別な義務がありました。

T君のような自閉症の子どもたちとともに外出する場合には、その特徴から、多動となったり、突然走り出したりするなどの思いがけない行動をしがちであり、T君も時々そのような行動をとっていて、「小さい種の会」やNは、これを認識していました。それゆえ、特別に配慮してT

君が不慮の事故に遭わないように注意すべき義務があったのです。加えて、T君は初めてのバス利用でした。特にT君の行動には注意しなければならなかったわけです。しかも、本件のような危険な状況のバス停でT君を降車させるには、より特別な注意が必要でした。

しかし、Nにはこの義務を著しく怠るという過失があったため、T君が突然バスから降り、道路に飛び出して事故を起こすことを防止することができませんでした。また、「小さい種の会」は、T君が初めてのバス利用であったことからも、Nらヘルパーに対して、自閉症であるT君に対する行動の監視および安全に十分に配慮するよう指導等を行い、安全に配慮する義務を果たさなければならなかったにもかかわらず、そのような指導は全くなく、むしろ、「小さい種の会」の責任者は、原告らに対し今回のバス利用の行動を積極的に勧めたほどでした。

3　被告バス会社の責任

被告バス会社は、路線バスの運行を業とする株式会社で、路線バスの運行のために、事故現場にバス停を設置・管理していました。

事故現場付近のバス停は、バスが横断歩道をまたがって停車する構造となっていて、バスから降りた乗客は、横断歩道以外の場所を渡って道路反対側の公園へ行かざるをえないという設置状況にありました。

また、事故現場の先にはバスを引き込めるスペースが設置されていて、会社は、当初からバスを引き込める安全な場所にバス停を設置することが可能だったにもかかわらず、漫然と事故現場付近にバス停を設置したものです。

このような危険な場所にバス停を設置したことによって、バスが停車すると、片側一車線の事故現場付近の道路は、車が通行可能な幅が狭くなるとともに見通しも悪くなり、事故が発生した当時もそのような危険な状況で、このことが事故の一因となったことは明らかでした。

本来、被告会社には、乗客が安全に乗り降りできるよう十分な安全性を備えたバス停を設置すべき義務があるのですが、会社にはこの義務を怠るという過失がありました。

4 車の運転者被告Kの責任

車の運転者被告Kは、事故当時、事故現場である国営滝野すずらん丘陵公園内の道路を、普通乗用車を運転して走行していました。その際、進行方向左側に乗客を乗降させるため停車中であったバスを認めていて、乗客が道路を横断するためにバスの陰から突然飛び出してくることがありうることは十分予見可能です。

このような横断者との衝突事故を避けるため、バスの死角にも注意を向け、速度を落とすなど、歩行者の安全に配慮すべき注意義務がありました。Kはこのような注意義務に違反して、特に注意を払うことなく、かえって車を加速させながら、乗客を乗降させるために停車中のバスの脇を進行したのです。

Kが乗降中であったバスの脇を通過する際に、乗客に対して必要とされる注意を何ら払っていなかったことは、KがT君と衝突してから初めてブレーキをかけたという事実に照らしても明らかです。

結局、Kは注意義務違反を内容とする過失によってT君を避けることができず、T君に自動車の左側を衝突させ、死亡させたものです。

Kは札幌地方検察庁によって、二〇〇五年十一月十一日、業務上過失致死事件で嫌疑ありの起訴猶予処分となっています。

二　青森施設浴室水死事件裁判

1　施設での溺死

この事件の被害者であるK君は、自閉症、てんかん、行動障害という障害をもっていたため（療育手帳A）、北海道函館市にある自閉症の施設、ゆうあい養護学校高等部二年に在籍し、当時一七歳でした。

青森市に住んでいたK君は、二〇〇三年四月八日、ゆうあい養護学校高等部に入学し、おしま学園のいちょう寮に入寮しました。

K君は、いちょう寮で半年にわたり、当時三三歳の男性利用者Uの暴行の標的とされていました。K君の死亡事件があった後、二〇〇四年八月六日、施設の行動記録からこの暴行事件を母は初めて知りました。

施設・寮において、同じ男性寮者であるUから度重なる暴力・暴行を受けていたにもかかわらず、報告はまったくありませんでした。また、それを施設が制止することができず、暴行が続いていたのです。父母は、K君の死亡事件の後このことを知り、余計大きな精神的損害を被りました。

二〇〇四年七月二十一日のことです。午後三時二十五分頃、施設職員となって間もない女子職員Tの誘導によって、K君は一人で入浴しました。Tは、午後三時三十五分にK君の姿を確認していました。ところがその後、職員の寮に戻り、同五十分に浴室を確認したところ、浴槽内に沈んでいるK君を発見、直ちに人工呼吸、心臓マッサージを行いましたが、救急隊到着時には心肺停止状態で、同日午後五時五分、運ばれた市立函館病院で死亡が確認されました。

K君が浴槽に沈んだのは、入浴中てんかんの発作が起こり、意識を失ったことが原因でした。また、Tが入浴時の見守りをおろそかにしていたこともあいまって溺死したものであることは明らかでした。Tは、当時短大を卒業し、この施設を経営している侑愛会に勤務したばかりの職員でした。

この事故について、函館地方裁判所はTに、業務上過失致死で五〇万円の罰金刑を科しました。

一方、K君の父母は、二〇〇七年三月三十日、施設を経営していた社会福祉法人侑愛会と職員

Tを被告として、K君に生じた損害賠償を求め、青森地方裁判所に訴えました。

2　施設と担当職員の責任

K君は自閉症、てんかん、行動障害と診断され、被告侑愛会および担当職員のTは、それを十分認識し、これに特別に配慮して、不慮の事故に遭わないように注意すべき義務がありました。

実際、K君は、被告の施設である養護学校および寮において日常的にてんかん発作で倒れ、浴室内でもてんかん発作で倒れたことがあり、このことは、被告らは十分認識していました。

ところが、K君を援助する担当職員であるTは、てんかんの発作を起こすおそれのある児童が入浴する際には、安全を確保するため、見守りをすべき注意義務があるにもかかわらず、これを怠りました。侑愛会もまた、施設の職員に対し、てんかんの発作をもっているK君の監視および安全に配慮する義務を課さなければなりませんでした。それにもかかわらず、そのような指導はまったくなく、マニュアル上では、入浴時の見守りは五分から一〇分に一度でよいとするなどとしていました。これでは、万一てんかん発作が生じて入浴者が溺れたときには手遅れになります。

K君のように、前からてんかん発作を起こしていた障害児に対しては、浴槽の中では五分ごとでも不十分であり、一緒に入浴したり、また浴室内でてんかん発作によって溺れることのないよう十分見守りをするなどして、事故を防ぐための注意をしなければなりませんでした。

ところが、侑愛会の施設職員はこれを行わず、K君の安全確保を軽視し、このような事故を防止すべき安全配慮義務を著しく怠ったことから、今回の死亡事故は起きたものといえます。

K君は、これまでにも、被告の寮で入浴中に四肢硬直、全身けいれんを起こした事実があり、より注意深い安全監視、事故防止の体制をとるべき安全配慮義務がありました。

また、K君は、施設の中でUさんから日常的に暴力を受け、暴行と恐怖におびえていたこともあり、これも安全配慮義務違反といえます。

したがって、担当職員Tおよびその使用者である侑愛会は、K君の死亡に関して、施設利用関係における安全配慮義務の重要な違反に基づく債務不履行責任が、また同時に不法行為・使用者責任があり（民法第七百九条、および同法第七百十五条第一項）、K君に生じた損害を賠償する責任がありました。

三　両事件の和解、判決の報道

それぞれの事件が、画期的な和解、判決として各新聞で取り上げられました。

まず北海道新聞が、二〇〇九年十二月五日の朝刊で「重度障害者に逸失利益　死亡事故賠償訴訟　札幌地裁案で和解」とのタイトルで札幌自閉症児交通事故裁判について次のように報じました。

生きていれば得られたはずの収入「逸失利益」を加害者側の保険会社がゼロ円としたのは不当だとして、交通事故で死亡した自閉症の長男＝当時（17）＝の札幌市在住の両親が、加害者の運転手に約7300万円の損害賠償を求めた訴訟は4日、札幌地裁（中山幾次郎裁判長）で和解が成立した。約1563万円を逸失利益とみなし、加害者側が計約4013万円を支払う

第3種郵便物認可

重度障害者に逸失利益

生きる価値認められた

全国初 両親「画期的な判断」

「画期的な和解だ」。交通事故で死亡した自閉症の長男＝当時(17)＝の逸失利益をめぐり、札幌市内の両親が札幌地裁に起こした損害賠償訴訟。事実上逸失利益が認められ、和解が成立した4日、両親は同市内で記者会見し、「重度障害者の可能性が認められた」と喜びを語った。（1面参照）

「なぜ人の命を『働いて残すお金』で価値判断するのか、ずっと納得いかなかった」。母親(49)は両手でハンカチを握りしめながら「『生きている』ということ自体に価値がある。その思いを裁判所はくんでくれた」と語った。

息子「たっちゃん」を亡くして4年、裁判を闘い始めて2年半。両親は、たっちゃんが描いた色鮮やかな絵や友達と笑い合う写真、通信簿など100点近くの思い出の品を裁判所に提出した。「たっちゃんは一生懸命、生きていた」と何とか伝えたかった。

結果、最低賃金と同額の賠償金などを逸失利益とみなし、和解が成立。弁護団によると、重度障害者で認められたのは全国初だ。「障害児を持つ多くの親や家族の励みになれたら[illegible]った」。会見で母親は繰り返した。

母親は昨年末、ヘルパー2級の資格を取り、今年1月から市内の高齢者施設で働いている。人の命を預かる仕事の「重み」を知りたかったからだ。「障害者も健常者も高齢者も若者も、命の『価値』や重さは変わらない。裁判をきっかけに、多くの人に分かってほしい」

自宅では今も家族4人の晩ご飯が並ぶ。両親と娘は食卓、たっちゃんの分は仏壇の遺影の前に置く。「お父さん、お母さん頑張ったね」。写真のたっちゃんは、きっと笑顔でそう言ってくれると、母親は思っている。

賠償額算定に最低賃金

＜解説＞4日和解が成立した重度障害者の死亡事故をめぐる損害賠償訴訟は、札幌地裁が最低賃金などを算定根拠に事実上、重度障害者の逸失利益を認めた点で画期的な内容となった。労働の能力を重視した従来の賠償額の算定のあり方に一石を投じたといえる。

逸失利益の算定は判例に沿って各保険会社が判断しているが、就労機会が限られる障害者の場合、著しく低く算定されるのが通例だ。神奈川県の養護学校のプール死亡事故で最低賃金を参考に賠償が命じられた判決などがあるが、軽・中度の障害者に限られていた。

これに対し、今回の訴訟で原告側は「重度障害者でも発達の可能性があり、著しく差をつけるのは不合理」と主張。少なくとも最低賃金を基に算定するべきだと訴えてきた。

札幌地裁の和解内容は、原告の主張を相当くみ取ったもので、損害賠償論に詳しい立命館大法科大学院の吉村良一教授（民法）は「命の対価に差はない。人を働くモノとみなした賠償額の算定方法を見直す機会とするべきだ」と指摘している。

（田中祥彦）

2009年12月5日付『北海道新聞』

ことになった。

弁護団によると、損害賠償訴訟で、軽・中度の障害者の逸失利益が認められた判決や和解はあるが、重度障害者で逸失利益が事実上認められたのは全国でも初めて。札幌地裁は、和解案の算定根拠として、当時の道内の最低賃金（時給６４１円）を基に、週休2日で1日8時間労働できたものと見込み、生活費等を除いた約１１３１万円を提示。さらに20歳から60歳までの障害年金計約４３１万円を加え、逸失利益とみなした。これに慰謝料などを合わせて約４０１３万円とした。

支払いについては、すでに原告は自賠責保険で3千万円を受け取り済みのため、加害者と事故当時付き添っていたヘルパーが計約1千万円を支払う。

訴状によると、重度の自閉症だった長男は２００５年8月、ヘルパーとともに路線バスを利用して札幌市内の公園へ出かけた際、乗用車にはねられ死亡した。加害者側の損害保険会社は、長男が受け取るはずの障害年金も将来の収入と認めず、逸失利益をゼロ円と算定した。

原告代理人の児玉勇二弁護士は「最低賃金を算定根拠に逸失利益を認めたもので、極めて画期的な内容」と評価した。

次に、青森・施設浴室水死裁判について、二〇〇九年十二月二十六日付の『毎日新聞』青森版の朝刊で、「重度障害者に逸失利益　施設で死亡　青森地裁が初認定」とのタイトルで次のように報じられました。

北海道函館市の知的障害児施設で04年、重度の自閉症の長男（当時16歳）が入浴中におぼれて死んだのは、施設側が安全配慮を怠ったためとして、青森県野辺地町の両親が施設を運営する社会福祉法人「侑愛会」を相手に、逸失利益など約7340万円の損害賠償を求めた訴訟の判決が25日、青森地裁（貝原信之裁判長）であった。貝原裁判長は約600万円の逸失利益を認め、慰謝料などと合わせた約3247万円の支払いを命じた。

重度障害者の事故を巡る逸失利益の訴訟は、大分地裁が04年に「将来の労働能力を認めるのは困難」と退けるなどしている。原告側弁護人によると、最低賃金を基に支払金が算出された和解例はあるが（前記札幌地方裁判所の＝著者）、判決は初めて。

貝原裁判長は判決で「障害者への理解は徐々に深化している」とし、長男が就労する可能性を判断。支援などを受ければ、授産施設より高い賃金を得られる状況にあったと認定した。その上で「社会条件の変化を考慮すれば、最低賃金に相当する収入は得られた」として、当時の青森県の最低賃金に基づき、得られたであろう収入から生活費などを差し引き、逸失利益を約600万円と判断した。

『東奥日報』では「重度障害者の希望に」の大きなタイトルで、次のように書いた。

記者会見に臨んだ父親（50）は「条件さえそろえば重度の障害者でも働くことができると判断してくれた。障害者の方々や親御さんの、生きる希望にもなれば」と喜び、次に立命館大学法科大学院・吉村良一教授（民法）は「従来の損害賠償算定基準の枠内で最低限、障害者の人権や尊厳に踏み込んだ判決。障害者の雇用の場が増えつつあるという社会の変化も受け止めており意義は大きい」と。

次に県自閉症協会・小中邦子事務局長は「同じく自閉症で重度障害者の子どもを持つ親として、大変うれしい判決。なくなった生徒だけではなく、今生きている重度障害者の存在が社会に認められたという思いだ。」

四　両事件の原告の主張

裁判において、今までの重度の障害者の逸失利益がゼロというのはおかしいことを主張・展開しました。

人の生命は何物にも代えがたい価値をもっているのであり、したがって、障害児の生命侵害を価値相当に評価したものが損害額の中心部分を占めるのは当然です。

しかし、生命自体は金銭で評価することが極めて困難で、特にこの二つの事件のように被害者が障害児である場合には、今までの損害賠償の裁判で主流となっている考え方、すなわち被害者本人の稼働能力を基礎に、一生働いたならば得られるであろう利益をもって生命の価値とするのでは、憲法十三条が「国政の上で、最大の尊重を必要とする」と規定している個人の尊厳としての生命への評価としては、あまりに少額で非常識な額になってしまいます。また、生命の価値を個々の人間の稼働能力で不当に差別することにもなり、憲法十四条一項に規定される平等原則にも反します。

両事件の障害児はいずれも、自閉症によって養護学校高等部に通学し、被告施設に通っていて死亡時には就労していなかったため、将来の労働能力の有無が論点となります。

失業者が死亡した場合には、労働能力および労働意欲があり、就労の蓋然性があるものについて逸失利益が認められると考えられています。また、最近は男女、大人子どもなどで逸失利益に差をつけるのは不合理と考えられ、この差は縮まりつつあります。それにもかかわらず、障害児・者のみが重度・中軽度と障害の重さをもって差別され、中程度なら働けるから逸失利益は認められるが、重度なら働けないので逸失利益がゼロというのは、あまりにも不合理な差別で、解消できない理由はありません。今この逸失利益での差別があるのは重度の障害児・者のみとなっています。

自閉症児がプールで死亡した事件があり（前述・伊勢原養護学校事件）、その二審の東京高等裁判所一九九四年十一月二十九日の判決は、障害をもつ年少者が死亡した場合の、一審のあまりにも低い逸失利益の判断（年間七万円・健常児・者の四〇分の一）に対して、「こと人間一人の生命の価値を金額ではかることは、この作業所による収入をもって基礎とするには余りも人間一人（障害児であろうが健全児であろうが）の生命の価値をはかる基礎としては低き水準となり適切ではない。これは極言すれば、不法行為等により生命を奪われても、その時点で働く能力のない重度の障害児や重病人であれば、その者の生命の価値を全く無価値と評価されてしまうことになりかねない」として、逸失利益の算定基準にする一審の年間七万円という低額の共同作業所の収入を二審で最低賃金に変えたのです。

私たちは、この高裁判決の理由の部分が、本件の重度の障害児についても適用されるべきと考え、この判決を裁判で引用、主張しました。

この高裁判決で、今まで差別され、逸失利益が認められないでいた中程度の障害児・者が、最低賃金をもって認められるようになりましたが、それ以降も、働けない重度の障害児・者たちは逸失利益ゼロとされ、保険会社からもお金は出ませんでした。

最近は、身体・精神・知的の各障害をもつ人の就労の機会は、雇用する企業側の意識も高まり拡大し、その流れの中で重度の障害のある人々の就労の機会も徐々に広がりつつあるようになっています。

両事件の障害児は養護学校高等部に通学し、被告施設に通っていましたが、原告らはいずれも障害児を将来働くことをも見据えて育ててきていて、障害児たちも、死亡当時高等部で作業活動もし、将来共同作業所・授産施設で働き、賃金を得て楽しい生活をめざそうとしていたのです。

　国連の障害者権利条約が採択され、日本でも批准されていて、障害者基本法も改正され、差別禁止と共に十六条で「障害者の雇用を促進するため、障害者に適した職種又は職域について障害者の優先雇用の施策を講じなければならない」と規定しています。国内法もこの条約に基づいて見直されようとしているのです。

　科学の発達のなかで、障害の克服と人間の発達の可能性は重度の障害者でも高まり、就労機会も少しずつ拡大し、そのなかで両事件の障害児も将来共同作業所・授産施設を通して地域社会で自立した生活を送るとともに、就労の機会を得た蓋然性は高いものと、前述の判例からも考えられるべきです。

　このように私たちは主張したのです。

　二〇〇八年の発達障害白書には、「福祉から雇用へ、もてる力を就労へ～重度知的障害者の企業就労の取組み～」として、特例子会社「伊勢丹ソレイユ」の取り組みが紹介されています。他にも、障害者雇用に積極的に取り組んでいる「公益財団法人ヤマト福祉財団ヤマト自立センタースワン工舎」の例、主に自閉症者の自立をめざした就労につながるよう、一九九五年から社会福祉活動をしている埼玉県の「社会福祉法人けやきの郷やまびこ製作所」の例など、重度の障害のある人たちに対する就労支援の取り組みが進んできていることも、いずれの裁判所でも私たちの主張を認めた根拠と考えます。

五　重度障害者の就労機会の拡大

この章の最後に、二つの裁判でも明らかにされた、重度の障害者が就労できるようになってきている事実を紹介しておきます。裁判で遺族の母親が述べた陳述書と、自閉症の専門家である太田昌孝先生の鑑定証言です。

1　札幌の事件の母親の陳述書

私は同学年の母親や友人、あるいは学校からの紹介などで、色んな施設などを見学してました。美唄市社会福祉法人北海道光生会南美唄福祉工場や、日本理化学工業株式会社美唄工場、ジャンプレッツやノビロ青年の家、すぎな園他、いくつもの施設見学をしてきましたし、これからも行くつもりでした。

その中には、重度障害者の方が立派に仕事をされ、働いてらっしゃるところもありました。その他、色々調べてみると、重度障害者にも積極的に仕事を持たせ、社会の一員として働いてもらおうとする企業なども増えてきつつあることを知り、嬉しく思っています。

Tは、作業をすることが好きな子でしたので、根気強く教えていけば、必ず働けたと思います。

2　青森の事件の母親の陳述書

六月十三日の『東奥日報』の朝刊を読んでいると、「障害者の就労」授産施設から企業へと言う記事に眼を奪われました。

内容を読み進めるうちにこの記事は私を応援するための記事と勝手に思い込みました。

東京新宿にあるデパート「伊勢丹」の「伊勢丹ソレイユ」という「特例子会社」が重度の知的障害者を社員として雇用して月給約一〇万円を貰っているとのことでした。

「これは新聞の内容だけでは解らないことがあるので、自分の目で確かめてこなければいけない」。早速、インターネットで連絡先を調べて、「株式会社伊勢丹ソレイユ」に連絡をしました。

電話で「私は青森県に住む重度の自閉症の子どもの親です。地元地方紙に伊勢丹ソレイユのことが載っていて、とても興味があります。見学は出来るでしょうか」と社長である四王天さんに聞くと、「宜しいですよ。遠く青森から息子さんのために見学とは熱心ですね。我が社は見学を積極的に受け入れています。カメラもビデオも写して構いません」と快く承諾していただきました。

突然行っての見学では、四王天社長さんも戸惑うかと、息子Kは平成十六年七月二十一日に亡くなっていることや裁判提訴時の私の意見陳述書や新聞記事や被告側の反論文書等の資料と手紙を送付し、「重度判定の自閉症者の就業について、実際行っている貴社の内容を見学して裁判に提出したいのです」とお願いしました。

七月二十七日東京の地理が解らないなかやっと辿り着き、三階建ての立派なビルの一室に入っていくと、作業場があり二十数名の方が黙々と色々な仕事に取り組んでいました。

静かにジャズのＢＧＭが流れていて、時々「伊勢丹デパート」のアナウンスが入ったりと「ここは本社の伊勢丹と同じ環境にしています。ここにいる人たちは契約社員です。業務日は月・火・木・金・土曜日です。水曜日は通院している人もいるので、水・日は定休日です。そして、電車やバスで通勤して来るので、ラッシュを避けるため勤務時間は九時四十五分〜十七時までです。賃金は時給で七七〇円。賞与一カ月分年二回支給しています」。

業務内容は、伝票の整理、スタンプ押印、ギフト用リボン、ボックス作成、クレジット伝票の仕分け等八〇種類の作業があるとの事でした。

作業しているところをじっくり見ると、スタンプ押しでは見本があり、ゆっくりだが、ずれることなくとても正確で、一旦身に付くと正確に仕上げる自閉症の特性が見られました。ギフトのリボンも見本となる規格定規があり、それに当てて正確に何個も作っていました。

また、クレジット伝票仕分けも伝票にクレジット会社の番号が記入されていて、番号を書いたケースに入れていくと、クレジット会社ごとの束になるという仕組みになっていました。

作業場の入り口には大きなホワイトボードがあり、Ｋ君が生前していたスケジュールがきちんと提示してあり、誰が何の仕事を何時までするかが確認できるようにしてありました。

四王天社長さんは作業をしている一人の方に「〇〇君お給料は誰から貰うの」と尋ねると「はい。お客様です」と答えました。

「ここの人たちは伊勢丹の社員です。だから、お客様は大切な存在で、自分たちもデパートの社員という思いをもって働いています。今まで、ここの業務は伊勢丹のデパートの売り場の社員が普段の業務の他にやっていたことです。時には残業になったり、とても負担なことだったそうです。ソレイユを設立してからデパートの業務に専念出来て業績も上がり、本社社長は毎年ソレイユに来て『君達のお陰です。有難うございます』とお礼を言っていくんです。

例えば私たちにこのような単純作業を何時間もやりなさいと言っても、苦痛に感じるでしょう。しかし、障害者の人たちの覚えたことはゆっくりだが正確にやり続ける特性を持っているので、伊勢丹の一部を支える業務をしています。

ここには職業センター判定基準『職業重度』の人も六人います。てんかんを持つ人も四名いますが、発作を起こしても休憩室で休めばまた作業に戻ります。パニックを起こしたり、奇声を出したりする人もいます。

でもそれも一つの個性として捉えています。二八人の社員に対して、伊勢丹からの出向社員が一人、ジョブコーチ二人と私で対応していますが、何の不都合もありません。ソレイユでは特に仕事を覚えると正確にする重度の自閉症の人を雇用する方針です」

そして事前に送付していたK君の高等部での機械を使って作業している写真を見て「本当に自宅より離れて頑張って高等部に行っていたのに、お母さん悔しいでしょう。K君ならソレイユでも立派な戦力になっていたことでしょう。おしまコロニーのことは知っていました。自らが自閉症児者を教育、職業支援しているのに、裁判では重度自閉症者は就業能力が無いとはとても矛盾していますね。ソレイユでは二一名が重度です。でも、社員として月一〇万円の給料を貰っています。

これからは、ソレイユのような特例子会社はどんどん増えていくでしょう。まだ一六歳のK君が大人になる頃には青森にも出来ていたかも知れないですね。重度自閉症の人こそ環境を整えて特性を生かせば、作業能力を発揮できるでしょう」と言って下さいました。

3 鑑定証人の証言

自閉症の専門家である医師、太田昌孝先生は、札幌の裁判で鑑定証人として次のとおり証言しました。

「けやきの郷やまびこ製作所」では、もう二十年も前から重度の自閉症の方が福祉就労として勤務しています。此処の「けやきの郷やまびこ製作所」がどのようにして採算がとれるように発展させてきたかは、「けやきの郷」の職員に聞いてみれば判るものと思います。

自閉症の人が一人単独で作業をしている場合、そうすると職員の給料分だけだってほとんどの場合に稼げません。「けやきの郷やまびこ製作所」では、それでいくつか二人組などのグループをつくって、各自の役割と手順を明確にして、一人ができないからダメだというのではなく、お互いに助けあう体制をつくり、それを職員がうまく支援することにより、最低賃金をクリアできるまでの採算をあげれるようになってきたと言います。

自閉症の人には機械類の操作、ものを畳む、パソコンの操作、分類・分別するなどの仕事は相応しいのではないかと大まかに言えると思います。また、どんな仕事がよいかは知的なレベルによって違ってくるものと思います。さらには、自閉症の人には人によって個別的な違いがあるのでそれぞれ違いがあります。それからまた本人が特異的に高い能力をもっている場合もあり、そのことが仕事に役に立つことがあるかもしれません。しかし、そういうような特異な能力があっても社会参加には直接に役に立たないことの場合もあります。例えばカレンダーの曜日を百年知っていても、それを巧く使う方法があるのかもしれないが、そのことが果たして社会での労働に生かされ、そのことによって得られる利益に還元できるかどうか判りません。

重度の自閉症の人への就労することへの支援は以前よりは増えてきています。「けやきの郷まびこ製作所」や「スワンベーカリー」の就労についての実績もあり、また、陶芸、パレット作りなどの実践も増えてきており、社会参加の機会が増えると就労の機会も増えてきていると思われます。しかしながら、自閉症の方は適応の良い人と適応の悪い人がいることも確かです。重度の自閉症の人が通常の人と同じような条件で仕事をすることには現段階では無理が伴うと思われます。ただし、社会の中で自分の持っている能力を生かして、雇用され、仕事に適応することのできる人は、援助体制があれば結構いるかもしれないし、実際に最低賃金で雇用されている人も存在しています。

このような自閉症の特徴と資料と就労についてのこれらの考え方に基づいて、またこの裁判所で出されているいろいろな資料の、最近では甲第四一号証で裁判所に提出した昨年の二〇〇八年十一月一日、ホテルオークラで開かれた「医療福祉フォーラム二〇〇八年　発達障害の脳科学、アスペルガー障害の理解と支援を目指して」の集会に私自身も出て、その中でスウェーデンのストックホルム、カロリンスカ研究所の国際児童青年精神医学会理事長であるPer-Anders Rydelius医学博士の、『治療教育に基づいた自閉症の児童、青年、成人への支援――スウェーデンにおける見解、及びIACAPAP（国際児童青年精神医学会）による宣言と提言』の中にも述べられているように、一九五〇年代からは、より重度な精神障害や知的障害をともなう児童への関心が高まりました。それによって障害をもった児童を隔離するのではなく、一般社会で暮らし、健全な養育や教育を受け、幸福な成人としての生活をする権利が与えられるべきであるといった意識が生まれました。この様な権利がさまざまな障害をもった児童に授けられるよう、"Omsorgslagen"という法律が一九六八年に制定されました。"Omsorgslagen"は何度も改正されており、現在では、養育期間中家族と共に過ごすこと、学校に通うこと、そして成人してから収入を得て自立した生活をすること、などの権利が与えられています。

IACAPAPはヨーロッパ自閉症協会、ヨーロッパ児童青年精神医学会と共に、権利と科学的根拠に基づいた自閉症スペクトラム障害の人への支援に関する政策方針書を第八回国際自閉症会議で承認しています（二〇〇七年八月三十一日から九月二日にノルウェーのオスロで開催）。

このように、世界的にも重度の自閉症の方々が就労に参加することの動きが加速しています。そしてまた、甲第四号証発達障害白書二〇〇八年版「改めてインクルージョンの質を問う」のなかでも就労への社会体制の拡大や、そのなかでも重度の障害のある自閉症、発達障害の人々への実践の取り組みも拡大しつつあることが紹介されています。

また甲第三五号証にもあるように、厚生労働省の政府でも重度の障害者の雇用への取り組みも行われていることがみられます。

以上のことを考慮すれば、本件Tが就労できる可能性と展望があり、本件裁判での逸失利益を考える場合に、最低限、最低賃金を目安として、逸失利益を算定しなければならない時代に来ていると思われます。

おわりに

障害者差別解消法の成立

「はじめに」でも述べましたが、日弁連は、私も参加した、二〇〇一年に奈良で開かれた第四十四回人権擁護大会において、「障害のある人に対する差別を禁止する法律の制定を求める宣言」を採択し、以来今日まで障害者団体とともにさまざまな取り組みを行ってきました。その努力のかいがあって、二〇一一年七月に改正障害者基本法、二〇一二年六月に障害者総合支援法、二〇一三年六月に障害者差別解消法の成立を見ました。

基本法改正では、保護の客体から権利の主体への転換、障害の有無によって分け隔てられることのない共生社会の実現、社会モデルに基づく包括的な障害者の定義、地域における共生等の原則、そして、障害者政策委員会の設置等が盛り込まれました。

障害者自立支援法（総合支援法の旧称）では「能力と適性に応じた自立論」が真正面に掲げられ、総合支援法では「基本的人権を享有する個人としての尊厳にふさわしい日常生活又は社会生活を営むことができる」ことに理念規定がおかれ、そして、改正基本法の第四条を具体化する法律として、二〇一三年六月十九日に「障害を理由とする差別の解消の推進に関する法律」（略称「障害者差別解消法」）が成立しました。

障害者差別解消法の問題点

同法は、日弁連が求めてきた差別禁止法制としては不十分なものです。しかし、わが国における障害者差別を克服するための大きな第一歩となることは確かです。

同法は、禁止すべき差別の定義を設けておらず、禁止すべき積極的差別としては、障害を直接に差別の理由とするいわゆる直接差別のみを禁止の対象とし、消極的差別対策として位置づけられている合理的配慮義務については、行政機関等に対して法的義務として位置づけたものの、民間の事業者に対しては努力義務にとどめています。

障害者の権利に関する条約（障害者権利条約）では公的機関と民間とを区別することなく、合理的配慮の不提供を差別として位置づけています。したがって、同法の施行後に予定されている見直しに際しては、民間事業者についても合理的配慮を法的義務に格上げすることが必要です。

また、同法は、差別事件が発生した場合、紛争解決を想定しているものの、紛争解決を担う機関を明確には位置づけておらず、それゆえ、紛争解決を担う政府から独立した機関を創設しその手続を規定することも必要です。

地方自治体の動き

ここ数年の障害者制度改革は、権利条約の批准に向け、国レベルで集中的に取り組んできたのが一つの特徴です。国レベルで一定程度進んできた制度改革を実質化し、かつ、さらに推進していくためにも、地方における制度改革が不可欠になってきます。

例えば、今後、差別解消法で差別の定義や紛争解決の仕組み等を検討していくことになります。その際、地域支援協議会や条例で実例が示されていれば、見直しに大きな説得力をもたせることができます。すでに千葉県をはじめ、差別禁止条例が数々つくられ、差別解消法と相前後して、長崎県で私たち日弁連の差別禁止部会意見の内容をかなり盛り込んだ条例がつくられ、その後、沖縄県や京都府でも条例がつくられました。今、鹿児島県、神戸市、別府市等で条例の検討が進められています。

今後の課題

二〇一三年十月二十四日、障害者権利条約の批准が国会で承認されました。

この権利条約は、二〇〇六年十二月十三日、第六十一回国連総会で採択されましたが、日本政府は権利条約を担保する国内法整備が不十分なまま批准の承認手続をとろうとしたため、日弁連は二〇〇九年三月十三日、会長声明を発表し、障害のある人の基本的人権を保障するシステムの基本的枠組みを構築することを強く求めました。

その後、日本政府は、日弁連の会長声明や当事者団体の意見等を踏まえ、条約締結に先立って国内法令の整備を推進することとし、改正障害者基本法、差別解消法などを成立させたものであり、このように、国内法整備を経た上で権利条約批准の承認に至ったことについては評価するものです。

しかし、現時点での国内法整備は、十分とは言い難いものがあります。日弁連は二〇一三年十月二十四日、会長声明で次のとおりの国内法整備を、権利条約の批准前に行うことを求めました。

①民間事業者の合理的配慮義務を努力義務に留めている差別解消法八条二項は、早急に改正されるべきである。

②学校教育法および同法施行令は未だ障害のない子もある子も分け隔てなく共に学ぶことを原則としておらず、あらゆる段階におけるインクルーシブ教育を保障するための法整備が必要である。

③パリ原則〔国家機関（国内人権機関）の地位に関する原則＝著者〕に則った政府から独立した国内人権機関の創設が急務である。

④障害者虐待防止法が適用対象外としている学校、保育所等、医療機関、官公署等（同法附則二条参照）を適用対象とすべきである。

⑤障害支援区分と利用施策・支給量が連動する障害者総合支援法の仕組みを廃し、障害のある

人の個別事情に即した支援を受ける権利が保障されるようにすべきである。

⑥成年後見制度は、精神上の障害による判断能力の低下に対し画一的かつ包括的な行為能力制限を定めており、個々人に応じた必要最小限の制限に止め、エンパワメントの視点に立った制度に改められるべきである。

⑦精神保健福祉法などに定める精神障害のある人に対する強制入院のあり方は見直しが必要であり、また、効果的な権利擁護制度の確立、入院者を減少させるための地域生活の支援の充実が求められる。

⑧障害者基本法二十九条は、司法手続における国の配慮義務を定めているものの、障害のある人の個別事情に応じた配慮が提供されることを確保するためには、訴訟法において配慮義務を明定する必要がある。

障害者権利条約は二〇一四年一月に批准となりましたが、上記八項目は課題として残っています。

私は本書で数々の障害のある人々への差別・人権侵害の裁判事例を述べてきました。これらの事件を担当しはじめた一九九〇年前後と比べると、障害のある人々の人権の流れが、国内法、国際法の面で信じられないほど大きく前進していると実感しています。

これらの事件を扱う際、例えば虐待事件が顕在化して弁護士のネットワークをつくろうとの呼びかけをした当時、数々の障害のある人々の深刻な差別・人権侵害状況を否応なく痛感しました。民主党から自民党への政権交代となり、公の秩序や公益などで人権が制限される憲法改正の動きがあるなか、これまで以上に、障害のある人々が差別され、人権侵害を受けるようになるのではという恐れを感じます。だからなおのこと、今後も一層、多くの人々と手をつないで、このような事件・裁判に生きがいをもって取り組んでいこうと考えています。

障害者の人権は平和があってこそ

今年の七月一日、第二次安倍内閣は、多数の国民からの反対があるにもかかわらず、憲法九条を変えることなく、解釈改憲で集団的自衛権の行使を憲法上可能としました。今回の閣議決定は、海外において戦争のできる国に変えるという、戦後日本の今までの内閣の解釈を全く変えた安保政策の大転換であるのに、閣議決定による憲法解釈の変更ですますという立憲主義に反した方法で行われ、平和憲法に違反する憲法違反の決定です。集団的自衛権が行使可能になれば、自衛隊が米軍と一緒に海外で他国民のために血を流すことになります。

アジア・太平洋戦争で、日本の侵略戦争によって、(軍人軍属・民間人合わせ) アジアで二千万人、日本で三一〇万人もの人が亡くなっています。この侵略戦争への反省の下で、二度とこのような戦争を起こすことのないように、憲法前文、そして憲法九条を含む平和憲法が制定されたのです。

第二次世界大戦では、世界で五千五百万人もの人々（一説には七千万人）が亡くなりました。戦争を再び起こさないために、平和の枠組みとして戦争を違法化した国連憲章を制定し、そして、人権の普遍化・国際化の最大のものとして、一九四八年十二月国連総会で世界人権宣言が採択されました。これに基づいて、戦後、自由権規約、社会権規約、女性差別撤廃条約、子どもの権利条約などが国連で採択され、日本もこれを批准し、今ようやく障害者の権利条約が国連で採択され、日本でも今年の一月批准されました。

二〇〇六年十一月四日「障害と人権全国弁護士ネット」が、名護市・辺野古で「障害と戦争」というテーマで交流会を行いました。そのとき沖縄国際大学の安仁屋政昭氏から「沖縄戦と障害者の戦争体験について」講演をいただき、次のようなことを述べていたことに私自身衝撃を受けました。

「障害者の戦争体験は、健常者の場合とは比較にできないほど汚辱に満ちており、これを公表するには忍びないという気持ちになる。障害者は皇軍からみれば、作戦の足手まといでした。沖縄では、全島が戦場となった段階では、障害者は戦場に放置されました。放置は死を意味しました。肉親や近親のものがそんなことをするはずがないというのは平和な時の感覚です。戦場における人々の心理は『人間でなくなっている』場合が多いのです」と。

東日本大震災の際も、障害者の死傷率は健常者の倍であったことにも共通するものです。湾岸戦争の際の掃海艇派遣差止の「平和市民訴訟」の裁判のとき、私も法廷で担当して尋問し、イラクの子どもたちの特に障害のある子、目の見えない子、耳の聞こえない子が、被害を少なくするためとアメリカの高官は述べていたピンポイント爆弾下で、逃げ、放置され、殺されていった事実を思い出します。

私は担当している東京大空襲裁判を通して、全国空襲被害者連絡協議会（全国空襲連）を結成し、その運営委員をやっています。現在一〇〇歳を直前にしている名古屋空襲の被害者・杉山千佐子さんの四四年にわたる人権の闘いを見てみると、障害のある人々の人権に関しても、いかに平和が大切であることかを痛感し、戦争をする国への大転換という極めて危険な日本の状況に私たちは無関心ではいられません。

杉山さんは、一九四四年三月二十五日、名古屋空襲で被害を受け、「自分の顔を初めてみたとき、覚悟はしていたものの、女として一番悲しい姿に声も出ませんでした。左眼球摘出、左頬に醜痕が残り、左目と鼻頭を覆うような眼帯を付けるようになりました。歩けるようになったら病院の屋上へ行って飛び降りようと、傷口を見てからひと月位は死ぬことばかり考えていました」と語っています。

杉山さんは自分の体験から、一九七二年十月二十九日「名古屋空襲を記録する会」の中に「全国戦災障害者連絡会」を一人で立ち上げました。国会の衆参両院議員にアンケートを出すなどして、これらの運動に基づいて野党議員から一九七七年から一九八九年まで一四回、国会に「援護法案」を提出しましたが、すべて審議未了で廃案になりました。一九八一年四月には、国会で参考人として証言しましたが、法案はすべて廃案となってしまいました。

戦傷病者戦没者遺族等援護法でケロイドや視力低下でも補償されていますが、空襲被害者らは一般の社会保障立法では全く保障されていません。女性の場合は容貌のため、結婚も就職も不可能に近く、身体障害者福祉法の調査の際、調査記入する戦災障害者の記入欄もなく、顔面ケロイドの欄もなく、仕方なく書類提出を諦めていたのでした。

日本では軍人軍属が優先的に補償されている現状を訴え、差別なき空襲被害者への援護法制定のための闘いを一〇〇歳を直前にし、未だ闘っています。

最後に、本書を、平和と人権を守り、つくる闘いのためにも利用していただければ幸いです。

二〇一四年　中秋

著者

児玉勇二（こだま・ゆうじ）

一九四三年、東京生まれ。六八年、中央大学法学部卒業。七一年、裁判官就任。七三年、弁護士となる。

東京弁護士会「子どもの人権と少年法に関する委員会」委員、日本弁護士連合会「障害のある人に対する差別を禁止する法律に関する調査研究委員会」委員、「チャイルドライン支援センター」監事、元立教大学非常勤講師「人権論」。

主な著書に、『子どもの人権ルネッサンス』（明石書店）、『性教育裁判～七生養護学校事件が残したもの～』（岩波ブックレット）、『障害を持つ子どもたち』（編著、明石書店）、共著に『子どもの人権110番』（有斐閣）、『ところで人権です』（岩波ブックレット）、『少年犯罪と被害者の権利』『障害のある人の人権状況と権利擁護』（共に、明石書店）。

知的《ちてき》・発達障害児者《はったつしょうがいじしゃ》の人権《じんけん》

——差別《さべつ》・虐待《ぎゃくたい》・人権侵害事件《じんけんしんがいじけん》の裁判《さいばん》から——

二〇一四年十月一日　第一版第一刷発行

著　者　児玉勇二
発行者　菊地泰博
発行所　株式会社現代書館
東京都千代田区飯田橋三—二—五
郵便番号　102-0072
電　話　03（3221）1321
ＦＡＸ　03（3262）5906
振　替　00120-3-83725
組　版　(有)クリエイティブパック
印刷所　平河工業社（本文）
東光印刷所（カバー）
製本所　積信堂
装　幀　若林繁裕

校正協力／西川　亘
 ISBN978-4-7684-3534-2
定価はカバーに表示してあります。乱丁・落丁本はおとりかえいたします。
http://www.gendaishokan.co.jp

活字で利用できない方のための
テキストデータ請求券
『知的・発達障害児者の人権』